医院档案信息管理

主编 张伟 解京泉 明喆

中国海洋大学出版社

·青岛·

图书在版编目（CIP）数据

医院档案信息管理 / 张伟，解京泉，明喆主编.
青岛：中国海洋大学出版社，2025. 8. -- ISBN 978-7
-5670-4291-9

Ⅰ. G275.9

中国国家版本馆 CIP 数据核字第 2025XA4031 号

医院档案信息管理
YIYUAN DANGAN XINXI GUANLI

出版发行	中国海洋大学出版社
社　　址	青岛市香港东路 23 号　　**邮政编码**　266071
网　　址	http://pub.ouc.edu.cn
出 版 人	刘文菁
责任编辑	由元春
印　　制	青岛中苑金融安全印刷有限公司
版　　次	2025 年 8 月第 1 版
印　　次	2025 年 8 月第 1 次印刷
成品尺寸	170 mm × 240 mm
印　　张	9.25
字　　数	200 千
印　　数	1—1000
定　　价	59.00 元
订购电话	0532-82032573（传真）

发现印装质量问题，请致电 0532-85662115，由印刷厂负责调换。

编委会

医院档案是医院医疗和管理工作的记录，涵盖诊疗活动、行政管理、教学科研、财务运行、基础建设与后勤保障等多维度信息，既是医疗服务质量的真实写照，也是医院和医学发展创新的信息基础，还是医院文化的体现。在数字化浪潮深刻重塑社会运行模式的今天，医院和医疗行业正经历着从传统管理模式向现代化、智慧化服务模式的转型。医院档案日渐成为医院科学管理和良性运行的数据基础，不仅有助于提升医疗服务的质量和水平，而且有助于实现医疗资源的高效配置，完善医院现代化管理体系，提升医院综合实力和文化竞争力。

本书结合近年来我国医院和医疗行业的实践与创新，与时俱进，遵循国家档案事业发展的新形势和新要求，聚焦医院档案管理的全生命周期，针对不同类型医院档案的特点，较为系统地总结和阐述了医院档案信息管理的基本内容、要求与实践路径，旨在帮助医院档案管理人员更好地理解和掌握现代档案信息管理技术和方法，解决实际工作中遇到的各种问题，提高档案管理工作的效率和质量。为此，本书在内容设计上注重理论与实践的深度融合，既进行政策法规解读，也提供具体的操作指南，同时还对档案管理发展趋势进行了探讨。期望本书能成为医院档案管理人员的"执业工具"，为推动我国医疗卫生和医疗档案管理事业的高质量发展贡献力量。

医院档案信息管理是一个不断发展和创新的领域。随着信息技术的飞速发展和医疗体制改革的不断深入，医院档案信息管理工作将面临新的机遇和挑战。本书所呈现的内容，只是我们在这一领域中获得的阶段性经验总结和实践创新成果。我们衷心希望能够通过阅读本书，使读者对医院档案信息管理工作有更深入的理解和认识。同时，我们也期待能够得到读者的反馈和建议，让我们不断完善本书的内容，推动医院档案信息管理事业的发展。

编者

2025 年 5 月

目录 Contents

第一章
医院档案信息管理概论

>>> 第一节　医院与医院档案

　　讨论和研究医院档案信息管理，首先要清楚什么是医院，医院的功能是什么，了解医院的性质、管理体制、工作任务和内容、工作制度和要求、工作程序和方式等，在这个基础上才能全面、精准地认识什么是医院档案信息，明确医院档案信息管理的任务，从而进行科学有效的档案信息管理。

一、医院及医院的功能

　　医院是在各级政府领导下经卫生主管部门批准依法设立，为人民群众提供疾病诊治、疾病预防、康复保健、健康教育、医疗人才培养等功能的卫生机构。医院运用不断发展的医学科学理论和诊疗技术，配备完善的医疗设备，科学配置医生、护士、药师、技师、管理人员等卫生人力资源，向人民群众提供公平、可及、安全、有效的医疗卫生服务，满足人民群众日益增长的医疗和康养一体化需求，并承担公共卫生事件应急医疗、向人民群众普及健康知识等社会服务职能。

　　公立医院是我国医疗服务体系的主体，公益性是其社会属性。2021年6月，国务院办公厅发布的《国务院办公厅关于推动公立医院高质量发展的意见》（国办发〔2021〕18号）指出，要把深化以公益性为导向的公立医院改革、推进公立医院高质量发展作为深化医疗改革的重中之重。随后的相关文件和会议提出，要坚持以人民健康为中心，推进以公益性为导向的公立医院改革，进一步完善医疗卫生服务体系，加快构建有序的就医和诊疗新格局。医院的功能定位，简单来说就是坚持以人民为中心，为人民群众和社会提供优质、可及的医疗服务。医院的主要任务有以下几个方面。

（一）疾病诊治

医疗工作以诊疗、护理、康复等业务为主体，以满足人民群众基本医疗和健康需求为主要目的。医院医疗分为门诊医疗、住院医疗、急救医疗和康复医疗等。随着医学科学的发展，医疗模式从生物医学模式向生物—心理—社会医学模式转变，医院的功能已经从单纯的疾病诊疗向预防、保健和康复扩展。不同的诊疗工作承担不同的任务，门诊和急诊是诊疗的"第一站"，即对患者的病情进行综合诊断和处置；住院治疗主要是对确诊的患者，特别是疑难、危重患者进行系统治疗；康复治疗则主要针对住院治疗后的患者。

（二）教学与人才培养

各级医院一般都承担着一定的教学任务。医学教育的特点之一是实践性强，临床相关专业的学生和不同层次的卫生技术人员，经过学校教育和初级临床工作后，必须进行临床实践，使专业技术持续提升。二级以上医院基本是医学类高校的附属医院或附属教学医院，承担着临床理论课和实践课的教学任务；三级医院还承担着住院医师规范化培训的任务，高校直属和附属医院承担着研究生培养的任务。通过承担教学任务，医院能够形成良好的学习氛围，这一方面满足了医学人才培养的客观需要，另一方面也促进了医院专业技术人员不断跟踪学科理论前沿，不断提升自身业务能力和水平。

（三）科学研究

医院是服务人民群众、为其提供疾病诊疗的主要实践场所，因此医疗技术人员最清楚疾病的相关信息。他们坚持问题导向，结合临床经验，积极思考如何改进和创新诊疗流程，研究解决医疗技术中的关键问题，更好地提升医疗质量和诊疗水平，具有很强的科技创新能力。医院与医学科研院所相比，拥有更丰富的临床病例资源，更容易发现问题和解决问题。

（四）卫生应急救援与社会健康服务

除了日常的疾病诊治工作外，医院还承担着公共卫生事件的应急医疗任务。医院既是防治相关疾病的主阵地，又是参与预防的重要力量。在严重自然灾害对人民群众造成重大健康影响时，医院在上级卫生部门的统一调度下，有义务参加卫生应急救援活动。

（五）健康教育与健康促进

医院不仅要诊治患者，更要进行预防保健工作。在实现人人享有卫生保健目标的过程中，各级医院要发挥预防保健功能，开展健康教育和健康促进工作，普及卫生知识，做好健康咨询和疾病普查等工作，增强人民群众的保健意识，为社会提供全面的医疗卫生保健服务。

二、医院档案的类型

医院档案是医院在医疗、科研、教学、预防保健、药品管理、卫生行政管理活动中形成的，具有使用价值和历史价值的文字、图表、声像、实物及其他不同载体、不同形式的记录资料。医院档案不仅是医院各项工作的真实记录，而且是可溯源、可查询、可利用的工作素材和依据，有的档案还具有法的属性，是工作的法定凭证。

医院档案有以下几种类型。

（1）临床管理档案。一是病历档案，这是医院档案的重要组成部分，记录患者的病史、病情、诊断、治疗过程和结果等信息，是医疗质量和医疗水平的重要体现，也是医学研究和解决法律纠纷的重要依据。二是医疗技术档案，其涵盖了医院在医疗技术方面的成果和积累，如超声、影像档案，这类档案对于提升医院的医疗技术水平和竞争力具有重要意义。三是医疗管理档案，这类档案主要是医院在医疗管理工作中制定的制度、措施及其落实记录等。四是药品管理档案，这类档案是医院药品采购、保管、出入库等情况的纪实。

（2）行政管理档案。行政管理档案记录了医院在党政管理方面的活动和成果：一是记录医院运行管理的文书，主要包括医院规章制度、文件、报告、计划、总结、会议记录等，是医院管理决策和医院运行的重要成果记录；二是干部人事档案，包括人员编制、干部任免、职工信息、奖惩情况等；三是会计档案，这是医院经济活动的重要记录，包括医院的资金来源、收入、支出、效益分析、会计凭证、账簿、报表等，是医院财务管理的重要依据。

（3）后勤保障服务档案。后勤保障服务档案是医院在提供后勤服务保障过程中产生的项目档案：一是基本建设档案，记录医院的基本建设情况，如建筑设计、施工、竣工验收，这是医院资产管理和维护的重要依据；二是医疗设备档案，记录医院医疗设备的购置、安装、调试、使用、维修、报废等情况，这是医疗设备管理和维护的重要依据；三是物资采购档案，记录医用和非医用物资的采购、出入库管理等过程。

（4）科研教学管理档案。科研档案记录了医院在科研方面的投入和产出，如科研项目、科研成果、学术论文，是医院科研水平和科研能力的重要体现，对于医院的科研管理和成果转化具有重要意义。教学档案则记录了医院在医学教育方面的活动和成果。县级以上医院，特别是三级医院，一般承担着医学相关专业学生的教学任务，教学档案记载教学计划、教学过程、教学成绩、学生信息等，对医院的教学管理和教育质量提升具有重要意义。

三、医院档案的特性

医院是一个综合性、专业性很强的社会服务组织，其运营和发展过程中会产生大量的档案。这些档案具有内容丰富、形式多样、利用率高等特点，涵盖了医院各个方面的工作内容，供医院管理者、医务人员、患者及有关医疗管理和服务机构查阅使用。从内容和形式上看，医院档案具有以下六个方面的特性。

（一）综合性

医院档案涵盖了医院的各个方面，包括行政管理、医疗业务、科研教学、财务管理、人事管理、设备管理、基建工程等多个领域。因此，医院档案具有综合性，能够全面反映医院的运营状况和发展历程。

（二）专业性

医院档案的内容涉及医学、护理、药学、公共卫生等多个专业领域，因此具有很强的专业性。这些档案不仅记录了医院在医疗业务方面的成果和经验，还反映了医学研究的发展水平和趋势。

（三）连续性

医院档案是医院历史发展的连续记录，能够反映医院在不同时期的发展状况、重大事件和成就。这种连续性使得医院档案成为研究医院历史、分析医院发展趋势的重要资料。

（四）法律性

医院档案中的许多内容，如病历、医嘱、诊断报告，都具有法律效力。在产生医患纠纷和法律问题时，这些档案可以作为重要的证据，保障医院的合法权益，同时也为患者提供了维权的依据。

（五）隐私性

医院档案中包含了大量患者的个人信息和医疗记录，这些信息具有高度的隐私性。因此，医院档案信息管理需要严格遵守相关法律法规和隐私保护原则，确保患者的隐私权不受侵犯。

（六）动态性

医院档案是随着医院的发展和运营而不断产生和更新的。因此，医院档案管理部门要及时收集、整理、分类和归档新产生的档案，确保档案的完整性、时效性和准确性。

因此，在医院档案信息管理实践中，医院档案管理部门要充分理解档案的属性和特性，进行科学管理，发挥好档案的作用，助力医院的高质量健康发展。

>>> 第二节　医院档案信息管理概述

医院档案信息管理是指对医院在医疗、教学、科研、行政管理等运行过程中产生的所有档案资源进行管理的活动，旨在通过科学的管理方法和手段，对档案进行收集、分类、编号、存储、检索、利用、保密、销毁等系统化、规范化管理，确保档案的完整性、真实性、有效性和安全性，为医院的科学决策、运行管理、文化建设等提供信息支持和保障。医院档案信息管理作为档案管理的一部分，是新时代医院治理体系和治理能力现代化的必然要求，在医院运营和管理中发挥着至关重要的作用。

一、医院档案信息管理的意义

（一）记录与保存医院历史

医院档案详细记录、保存了医院的发展历程、重大事件、医疗成果等，是医院历史的真实记录，能够客观反映医院发展运行过程中的事件、人物和各类数据等，可为他人和社会了解、查询相关信息提供丰富的史料。

（二）支持医院决策管理

档案中蕴含着医院发展所积累的大量知识、经验和智慧，是医院进行管理决策时的重要参考资源。"以史为鉴，可以知兴替"，医院管理者可以从档案案例和数据中，了解医院的运营状况、发展趋势和潜在问题，总结分析医院发展的有利因素、经验做法等，推陈出新，做出更加科学合理的决策。

（三）支持医院科研和教学

医院档案包含了大量的科研资料，这些资料对于医院的科研和教学具有重要的参考价值。通过档案管理，可以为科研人员提供丰富的数据支持，促进医院科研水平的提升。同时，也可以为医学教育提供生动的案例和素材，提升医学教育的质量和效果。

（四）保障医院和患者的合法权益

病历档案是患者就医过程的文字记录，是处理医患纠纷、医疗事故时，保障患者和医院双方合法权益的法律依据。完善的档案管理可以确保医疗信息的完整性、准确性，为患者、医院维护自身权益提供有力支持。同时，也有助于医院加强医疗质量管理，不断提升医疗安全水平。

（五）助力医院文化建设

医院档案记录了医院发展的真实过程，是医院文化建设的重要基础。通过档案管理，可以总结和凝练优秀的医院文化，传承和弘扬代表医院发展历史和精神风貌的文化成果，增强医院员工的文化认同和文化自觉，打造医院文化品牌，促进医院和谐稳定发展。

（六）提供社会化服务

随着医疗保障体制的建立与完善，人民群众的健康意识不断提升，医疗信息化水平也在不断发展，政府医疗管理机构、社会医疗保险机构、商业医疗保险公司、司法机构等需要医院提供大量真实的数据资料，而医院档案就是重要的信息来源。

综上所述，作为历史记录的重要载体，医院档案具有重要的使用和参考价值，如果运用得好，可为医院的管理和发展提供帮助，为医院的科学管理赋能。

二、医院档案信息管理的基本原则

医院档案信息管理的基本原则主要包括以下几个方面。

（一）统一领导与分级管理原则

医院档案作为医院运营、发展和文化传承的重要载体，医院管理层应高度重视，实行统一领导。这种管理体制有助于确保档案管理工作的方向性和政策指导性，使档案管理工作与医院整体发展战略相协调，为医院各项工作的开展提供有力支持。同时，为了提升档案管理的效率和专业化水平，实行档案分级管理至关重要。具体而言，就是根据档案的种类、密级和重要程度，将档案管理责任划分到各个科室或部门。这样不仅可以减轻档案管理部门的工作压力，还可以使各部门在档案管理中发挥更大的作用，实现档案管理的精细化和专业化。

（二）完整性与准确性原则

完整性原则要求医院档案材料齐全、系统，能够全面反映医院的历史、现状和未来发展。这意味着档案应力求涵盖医院各项活动的相关信息，确保档案内容无缺漏，能够完整呈现医院的发展历程和各项业务活动。准确性原则要求档案内容真实可靠，能够准确记录医院各项活动的真实情况。这要求档案中的时间、地点、人物、事件等关键信息必须准确无误，以确保档案内容的真实性，并能够为医院的决策提供参考依据。

（三）安全性与保密性原则

医院档案不仅记录了医院的发展历程、科研成果和医疗数据等重要信息，还包含了患者的个人隐私和医疗记录等敏感数据，因此必须采取严格的安全措施来确保其安全性。这包括档案的物理安全和信息安全两个方面。物理安全主要指档案的存放环境合适、防火防潮等措施到位；信息安全则指档案的电子化存储、访问权限控制等措施完善。对于涉及机密或敏感信息的档案，应严格按照保密规定进行管理，防止信息泄露。

（四）便捷利用与高效服务原则

医院档案信息管理的核心目标在于为医院的整体运营、科研创新及教学工作提供全面、便捷、高效的档案信息资源支持。为了实现这一目标，医院必须构建一套完善且实用的档案检索体系，并结合实际需求制定科学合理的档案利用规章制度。这套体系应确保用户能够迅速定位并获取所需的档案资料。同时，档案管理人员须具备良好的职业素养和服务精神，以热情的态度和专业的知识回复用户咨询，解决用户在利用档案过程中遇到的各种问题，确保每份档案都能发挥最大的价值，满足医院各项活动的需求。

（五）动态管理与持续改进原则

随着医院的发展和社会的进步，医院档案信息管理工作也应不断适应新情况、新要求。这要求档案管理人员具备动态管理的意识，根据医院发展的需要和档案管理的实际情况，不断调整和完善档案管理制度、流程和方法。同时，应定期对档案管理工作进行评估和反思，发现问题及时改进，推动档案管理工作的持续改进和优化。

（六）法治化管理原则

档案管理应遵守国家相关法律法规和行业规定，确保档案管理的合法性和规范性。首先，需严格遵循《中华人民共和国档案法》及相关条例；其次，结合卫生行业的特点，遵循相关专业要求，如《卫生档案管理暂行规定》，为医院档案信息管理提供法治保障。

以上原则共同构成了医院档案信息管理的基础框架和指导方针，为医院档案工作的顺利开展提供了有力保障。

三、医院档案信息管理的基本要求

医院档案信息管理是医院管理工作中的重要组成部分，必须遵循其特征要求，确保医院档案管理工作的严肃性。

（一）档案收集与整理方面

档案信息的完整性、准确性和系统性是档案管理的基础性工作，必须高度重视。

（1）完整性。归档的文件材料必须完整齐全。对于文件材料，特别是公文，其正文与附件、印件与定稿、请示与批复、转发文与原件、多种文字形成的同一份文件等要完整成套。此外，归档的文件材料在内容上要客观真实，载体要利于文件的长期保存。对于电子文件，要注意选择文件的生成格式、保存载体等，以满足长期保存的要求。

（2）准确性。档案内容应真实、准确，避免虚假信息或误导性内容。为了防止出现"有文必档"的现象，对于收集的文件材料必须按照鉴定原则和档案保管期限的规定，结合本单位实际情况进行鉴定。

（3）系统性。对档案进行分类、编号和排序，形成系统的档案管理体系。根据档案的性质、内容和形成时间等因素，对档案进行分类整理，确保每类档案都有明确的标识和存放位置。已经分类的档案，要按照一定的顺序进行排列，如时间顺序、编号顺序，以便查找和利用。对于需要装订的档案，要按照规范进行装订，确保装订后的档案整齐、美观，易于保存和查找。在整理过程中，要认真核对档案的内容、页码等信息，存在缺失或错误的，要及时进行补充和更正。

（二）档案保管与存储方面

医院所有档案（病历档案除外）应进行集中统一管理。各类档案需按要求在相应期限内统一归档，不得由科室或个人长期或私自保存。

（1）安全性。库房管理中要采取科学有效的防范设施，定期检查档案保管状况，对破损或变质的档案及时修补、复制或采取其他技术处理措施，以确保档案的物理安全。

（2）保密性。严格遵守相关法律法规和医院规定，保护医院、医务人员工作数据和机密信息，保护患者的诊疗信息。

（3）时效性。根据不同的工作内容，及时动态补充、更新档案信息，确保档案的时效性。

（三）档案利用与服务方面

档案利用应做到便捷高效、合法合规，利用现代信息技术，不断提升档案资源的利用率，为医院发展和社会服务提供有力支持。

（1）便捷性。要提高服务意识，优化和规范服务流程，为医院员工和合法机构提供高效、便捷的档案查询、借阅、复印等服务，满足医院和社会各方面的需求。

（2）合法性。在提供档案查阅借阅、复印和摘抄等服务的过程中，必须严格遵守相关制度，做到合理、合法、合规；要严格履行审批手续，明确使用目的、范围和时间；严禁一切不符合审批手续的使用行为。

（3）信息化。利用互联网、大数据、区块链等技术手段，最大限度地实现档案的电子化管理和远程访问，提升档案管理效率。

总之，医院档案信息管理工作要全面、准确、系统、安全、保密和便捷。通过加强医院档案管理，可以提高医疗服务的连续性和质量，保护患者隐私和医院机密信息，为医疗、教学、科研等方面提供有力支持。

四、医院档案信息管理的主要任务

医院档案信息管理的任务涵盖了多个方面，旨在确保医院档案信息的完整性、准确性、安全性和有效利用。从管理内容来看，医院档案信息管理的主要任务有以下几个方面。

（一）综合管理

（1）制度的制定与执行。根据《中华人民共和国档案法》《医疗机构病历管理规定（2013年版）》等法律法规的相关规定，应制定和完善医院档案信息管理制度及其实施办法、细则、流程及应急预案。同时，制定医院档案信息管理中长期发展规划、年度重点工作计划，推动医院档案管理工作的规范化、信息化、数字化建设。

（2）统筹规划与协调。监督检查医院档案信息管理制度的执行情况，指导全院各科室进行档案信息管理工作，确保档案工作的规范化、标准化。同时，督促各科室做好档案移交工作，确保档案收集、报送、移交的及时性和完整性。

（3）开发利用档案资源。积极利用和挖掘整理医院档案资源的价值，定期编纂和更新医院史、院志及大事记等；积极开展医院档案展览，挖掘医院发展的文化内涵，凝聚和增强员工的主人翁意识、荣誉感和获得感。

（二）专业管理

（1）档案收集与归档。对全院档案（包括医疗、行政、科研、设备、财务、人事等档案）进行收集、接收和审核，确保相关材料的完整性、准确性和原始性。

（2）档案整理与分类。按照一定的分类标准（如按起草形成部门、印发时间、内容）对档案进行分类、编目、编号和装订立卷。同时，建立档案目录数据库，实现纸质档案与电子档案的双轨制管理。

（3）档案保管与维护。严格执行档案室"八防"措施（防火、防盗、防潮、防虫、防鼠、防尘、防高温、防有害气体）。同时，对破损或老化档案进行修复、复制，确保档案能够长期保存。

（4）档案销毁与移交。根据保管期限规定，对到期档案进行鉴定和销毁，销毁过程需登记备案并留存记录。同时，按国家规定，定期向地方档案馆移交具有长期保存价值的档案。

（三）查询与保密管理

（1）查（借）阅与复制服务。制定档案查（借）阅审批制度，明确查阅范围、流程等，按照上级部门和医院的有关规定，为医院管理部门、医务人员、患者、党政机关、司法机构、社会组织等主体依法提供档案查询、复制服务。要严格审核查（借）阅人身份、用途和有关证明材料，复制件需加盖档案管理部门公章，以确认其有效性。原则上，档案原件不予外借。

（2）保密与隐私保护。对涉密档案（如患者隐私、医院机密）实施分级权限管理，在档案收集整理、分类编码、查询利用等环节，严格遵守相关制度。经手密级档案资料的相关人员，要签订保密协议书。在档案的网络管理过程中，要采用加密存储、访问日志记录等技术手段，杜绝泄密风险。

（四）信息化建设与数字化建设

（1）电子档案管理。大力推进医院档案信息化管理进程，在广泛使用的医院信息系统（HIS系统）的基础上，积极开发和完善医院档案信息管理系统模块。一方面，提高档案管理的规范性，提升档案管理效率；另一方面，实现档案管理的信息化，并逐步向数字化发展，完善档案收集、著录、检索和开发利用的过程。在这个过程中，要确保电子档案与纸质档案内容一致，定期备份数据，防止数据丢失。

（2）系统维护与优化。规划并负责统筹推进档案管理信息系统的日常维护、升级及安全防护工作。优化信息共享，开发档案编研工具，提升档案利用效率。

（五）特殊档案管理

病历档案作为医院独有的档案，有着更加严格的管理要求，医务人员按照《医疗机构病历管理规定（2013年版）》书写病历，确保病历书写规范、内容完整。对住院病历、门（急）诊病历等医疗档案，需在患者出院或就诊后及时回收归档，确保回收率达100%。

综上所述，医院档案信息管理的任务可概括为"收得全，管得好，用得活，守得密"。其工作需以法律法规为基石，以事实为准绳，以现代化信息化技术为手段，以服务医院、患者和社会为目标，通过科学化、精细化、智能化的管理，为医院的高效运行、患者的权益保障及医院优秀文化的传承提供坚实保障。

》》》第三节　我国医院档案信息管理的发展与趋势

一、我国档案管理的兴起与发展

我国档案学的发展经历了漫长的历史过程。原始社会时期，人们通过语言来表达和交流经验。随着社会的发展，为适应复杂的社会生产和生活，人们创造了"结绳""刻契"等记事方法，这可以说是档案的起源。我国目前发现的最古老的档案是甲骨档案，距今已有3000多年的历史。

随着社会的发展，我国古代也出现了正规的档案机构。西周的"天府"，负责管理"天府"的史官称"守藏史"。汉代设立了专门保管图书档案的库房，著名的有石渠阁、兰台、东观等，其中"兰台"一词经演变，成为泛指档案保管机构和档案工作的代名词。宋朝设置了专门的档案保管机构"架阁库"。元、明、清时期均设置了专门记载历史事件的机构和"史官"。

中华人民共和国成立后，党和国家高度重视档案工作。1952年，中国人民大学开设了首个"档案专修班"，成为档案管理专业化的开端。随后，我国档案管理工作逐步规范和发展，各级各类档案馆和档案行政管理机构先后建立，档案管理学也逐步成为一门学科，形成了自己的学科体系和理论体系。

1956年4月，我国颁布的《关于加强国家档案工作的决定》，对档案的概念、档案工作的基本任务和基本原则等一系列问题做出了明确规定，有力地推动了全国档案事业的建设和发展。1987年，我国颁布《中华人民共和国档案法》，该法意味着我国档案工作开始有法可依、依法管理，为档案事业的发展奠定了法律基础。为了更好地实施《中华人民共和国档案法》，国务院还制定了《中华人民共和国档案法实施条例》，并于2024年3月1日起施行，这对于保护档案、促进档案资源的开发和利用具有重要意义。

二、我国医院档案信息管理的历史与现状

（一）我国医院档案信息管理的发展历史

我国医院档案的起源可追溯至商代（约3500年前），河南安阳出土的甲骨文中已有关于疾病的记录，如战争伤病等内容，成为最早的有关医疗活动的文字记载。此后，简牍、帛书等载体逐渐被用来记录医案，但尚未形成系统的档案管理机制。

19世纪末至20世纪初，随着西方医学传入我国，上海、北京等地的教会医院开始以纸质的方式记录患者的诊疗信息，但较为简单粗放，保存分散，缺乏统一的管理制度，未形成规范化体系。

我国医院档案管理工作是随着国家档案和卫生事业的发展，以及医院的现代化、科学化和规范化管理实践不断深入而日趋完善的。医院档

案管理大体经历了以下几个阶段。

（1）医院文书材料立卷阶段（20世纪50年代初至70年代）。这一时期医院各职能部门开始重视医院文书的整理保管使用，档案管理以"材料立卷"为主，文书部门（主要是医院办公室等主要行政管理部门）在工作中形成的各种文件材料，经过工作人员的简单分类后，有保存价值的材料被整理并保存下来。此时的档案管理没有统一的规章制度、规范和标准，处于相对无序的状态，但有的医院已经开始较为规范地保存病历档案。

（2）专业档案室管理阶段（20世纪70年代初至80年代中后期）。这一时期，大中型医院开始建立专业档案室，将各职能部门分散保存的档案实行集中统一管理。这一变革标志着医院档案信息管理开始走向专业化、规范化阶段。这一阶段，病历档案管理开始得到重视。北京协和医院的病历档案管理走在了全国前列，其所做的工作对病历档案管理的科学化起到了很好的促进作用。

（3）信息化档案管理阶段（20世纪80年代至今）。随着计算机技术的普及和互联网技术的发展，医院档案信息管理开始迈向信息化和现代化阶段。逐步引入计算机、打字机、复印机等辅助设备，进入半自动化管理阶段；随后，随着医院信息化建设的推进，医院档案信息管理系统也建立起来并逐步成熟，这不仅提升了档案管理的智能化和效率，还实现了数据的实时更新和跨部门共享。

综上所述，医院档案信息管理的历史发展经历了从无序到有序、从纸质到电子化、从单一到综合的多个阶段，每一阶段的进步都深刻改进和提升了医院档案信息管理水平。传统纸质档案管理依赖人工，效率低下且易出错。进入半自动化阶段后，虽然医院引入了辅助设备，但"信息孤岛"问题依然突出，数据共享和整合成为难题。计算机技术的引入大大提高了档案管理的智能化水平，实现了档案信息的快速检索与共享。

（二）我国医院档案信息管理现状与面临的问题

1. 管理现状

总体来说，我国医院档案管理工作取得了长足进步，规范化、现代化、标准化程度越来越高，档案管理意识逐渐增强，管理水平逐步提升。

（1）在档案收集方面，医院已积累了丰富的经验，能够确保档案资料的全面性和完整性。例如，某医院所收集的档案资料涵盖了医院历史、文化、科研等多个方面，形成了近千份档案资料，为医院的持续发展提供了坚实支撑。

（2）在档案整理方面，医院严格按照规范操作，确保档案资料条理清晰、分类合理。通过建立完善的检索系统和数据库，实现了对档案资料的快速查询和有效利用。这不仅提升了档案管理的效率，还为医院各部门和员工提供了便捷的信息服务。

（3）在档案管理与保护方面，医院严格遵守国家法律法规，形成了一系列档案管理制度和工作流程。医院还通过引入信息化技术，实现了对档案资料的数字化管理和保护。这不仅提高了档案管理的安全性，还为医院的长期发展奠定了坚实的基础。

（4）在档案利用与服务方面，医院注重满足各部门和员工的信息需求，为他们提供档案查询、借阅、复制等服务。同时，医院还注重与各部门和员工的沟通，不断优化档案管理流程，提升服务质量。

2. 面临的问题

目前的医院档案信息管理工作已比较规范，从档案收集到管理与保护均严格按照标准操作，但从工作实践来看，医院档案信息管理领域仍面临一些问题，影响了档案管理的质量和效率，主要表现在以下几个方面。

（1）重视程度不够。近年来，虽然医院对档案管理的重视程度逐渐提高，将档案管理纳入医院的整体发展规划中，但整体上档案管理意识仍然相对滞后，加之受传统医院管理模式的影响，医院管理层对档案管理的重视程度不足，影响了医院档案信息管理水平的提升。同时，对档案管理的前瞻性和主动性不够，在档案管理方面存在诸多漏洞。

（2）档案管理制度不够健全。医院已经建立了较为完善的档案管理制度，但在实际执行过程中，还存在制度落实不到位、执行不力等问题。这导致档案管理存在诸多漏洞，使得档案的安全性和完整性无法得到保障。

（3）档案管理人员专业化水平不高。档案管理部门在医院中的存在感较低，边缘化、后勤化特征较为显著，工作权威性较差。档案管理人员专业化水平不高，特别是既熟悉档案管理又具备医学知识的专业人员匮乏。不少管理人员是因为年龄、身体等原因而转岗至此，缺少职业发展信心和工作热情，影响了工作的主动性和积极性。

（4）档案管理标准化程度低。目前，我国医院档案信息管理尚没有统一的国家或地方行业标准和规范。不仅医院和医院之间，就连医院内部不同科室或部门之间，在档案管理的内容、工作流程等方面也存在显著差异，对档案的归档范围、保管期限、分类标准等关键环节缺乏统一的标准，给档案的管理和综合利用带来诸多困难。

（5）信息化程度发展不平衡，系统功能性差。有的医院已经使用了一些档案管理系统软件，但软件的功能性较差且过于单一，不同科室或业务系统（如 HIS、财务系统）独立运行，数据格式不统一，导致收集的数据不够完整，缺乏整体性，存在"数据孤岛"现象，无法实现数据信息资源共享。有的医院仍以传统纸质档案为主，电子化比例较低，病历、财务凭证等核心档案未完全数字化。另外，在推进电子档案共享时，患者隐私保护与数据开放存在冲突，部分医院因担心信息泄露而限制访问权限。

除了以上问题外，医院档案信息管理还面临若干新挑战。随着信息技术的不断发展和医疗改革的深入推进，医院档案信息管理将继续向信息化、智能化、规范化方向发展。我国需通过完善法规、加强技术投入、优化人才结构等多维度改革，推动档案管理从"粗放式"向"精细化＋智能化"转型。未来，可借鉴国际医疗档案管理经验，结合我国实际构建统一、安全、高效的档案管理体系。

三、我国医院档案信息管理的发展趋势

医院档案信息管理的发展是一个不断演变和进步的过程。随着人工智能、区块链、移动医疗等新技术的应用，医院档案信息管理将更加智能化、个性化和安全化。数字化转型将为患者带来更优质的医疗服务，为医疗行业注入新的活力。我国医院档案信息管理的发展趋势主要有以下几个方面。

（1）技术呈现数字化与智能化趋势。随着信息技术的快速发展，医院档案信息管理逐渐与信息技术相结合，传统的纸质档案正被电子档案所取代，实现了更高效、更便捷的档案存储、检索和利用。医院档案信息管理将更加注重智能化技术的应用，通过引入智能识别、自动分类等技术，可以进一步提高档案管理的效率和准确性，提高档案管理的安全性和便捷性。医务人员可以实现对患者健康数据的深度挖掘和分析，为患者提供更加精准、便捷的医疗服务。

（2）管理呈现法治化与标准化趋势。医院档案信息管理的发展受到相关法律法规的指导和约束，确保了档案信息管理的合法性和规范性。随着国家卫生事业的发展，国家和地方会出台更多的关于医院档案信息管理的法律法规，指导和规范医院档案信息管理工作。标准化建设是医院档案信息管理的重要方向，通过制定统一的档案信息管理标准，可以推动医院档案信息管理向规范化、标准化方向发展，消除"信息孤岛"现象，提高档案管理的整体质量和效率，为患者提供更加便捷、高效的医疗服务。

（3）服务呈现社会化与多元化趋势。随着医疗技术的不断进步和社会对医疗服务需求的日益增长，医院档案信息管理的服务属性愈发凸显，社会化和多元化成为必然趋势。在服务对象上，传统的医院档案信息管理主要服务医院内部员工和特定患者，而社会化趋势则要求医院档案信息管理面向社会公众，包括患者及其家属、科研机构、保险公司、司法机关等。在服务方式上，通过互联网、移动设备等平台，提供档案

远程查询、在线预约、电子病历下载等服务，满足社会公众对档案信息的需求。在服务内容上，除了基本的医疗记录外，医院档案信息管理还应涵盖医院历史、文化、科研成果、公益活动等内容，医院可以通过档案展览、讲座等形式，向公众展示医院的发展历程和成就，提升医院的知名度和美誉度。

综上所述，医院档案信息管理正朝着数字化、智能化、法治化、标准化、安全化、社会化等方向发展。这些趋势将有助于提高医院档案信息管理的效率和质量，促进医院整体管理水平和医疗服务质量的提升。

第二章
医院档案信息管理的组织与制度

>>> ## 第一节　医院档案信息管理的组织体制

医院档案信息管理组织体制是确保医院档案信息管理工作有序、高效进行的关键组织保障。健全的医院档案信息管理组织体制能够明确档案信息管理的责任主体、决策流程、监督机制及资源分配，从而推动档案信息管理工作的持续改进和优化。医院档案信息管理组织体制的建设与优化是一个系统工程，需要医院领导、各职能部门和档案信息管理人员的共同努力和协作。

一、医院档案信息管理组织

一般情况下，医院档案信息管理组织有三层架构。

（一）领导层

按照国家法律法规，医院档案信息管理应遵循"统一领导、分级管理、集中保管、方便利用"的原则。在管理体制上，应成立以医院领导班子成员为主、由各职能部门负责人组成的医院档案信息管理工作领导小组，作为医院档案信息管理的决策机构，负责制定档案信息管理的总体战略、目标和政策，确保档案信息管理工作与医院整体战略相协调。同时，还要成立档案信息管理工作委员会，负责开展调研分析、检查指导、督导落实等工作，向医院档案信息管理工作领导小组提出工作意见和建议等。

（二）管理层

医院应设立专门的档案信息管理机构，负责贯彻执行国家和医院有关档案信息管理的工作要求，负责制定本医院档案信息管理制度和工作流程细则并组织实施，确保档案信息管理工作的规范化。其具体职责有以下几个方面。

（1）档案收集与归档。负责收集医院各部门产生的档案，包括但不限于医疗记录、行政文件、财务资料、教学科研档案、基建档案、设备档案、人事档案等，并对收集到的档案进行分类、编号、装订和归档，确保档案的完整性和有序性。

（2）档案保管与安全。提供适宜的存储环境，确保档案的物理安全，防止档案损坏、丢失或被盗。定期对档案进行维护，确保档案的保存质量。

（3）档案检索与利用。建立档案检索系统，开发或采用先进的档案信息管理系统，实现档案的电子化检索，提高档案的利用效率。同时，根据医院内部及外部需求，提供档案的借阅、复制、咨询等服务，支持医疗、教学、科研和行政管理工作。

（4）档案信息化建设。推动档案的数字化进程，将纸质档案转化为电子档案，便于远程访问和长期保存。确保电子档案的安全存储和传输，采取加密、访问控制等措施防止信息泄露。

（5）档案编研与开发利用。对档案进行深入研究和编研，提炼有价值的信息，形成档案汇编、专题资料等，为医院的发展提供历史借鉴和决策支持。同时，利用档案资源，开展档案展览、教育课程、研究成果发布等活动，提升医院的文化内涵和社会影响力。

（6）档案管理培训与宣传。定期对档案信息管理人员进行专业培训，更新其档案管理知识，提升其技能水平。加强档案信息管理重要性的宣传，提高医院员工对档案信息管理的认识和重视程度。

（7）档案法规遵守与监管。确保档案信息管理工作符合国家相关法律法规和行业标准要求，如《中华人民共和国档案法》《医疗机构管理条例》。接受上级档案管理部门和相关监管机构的监督和检查，不断改进档案信息管理工作，确保档案资源的合规性和安全性。

（8）档案统计与分析。定期对档案进行统计分析，了解档案资源的数量、种类、利用情况等，为档案信息管理决策提供数据支持。编制档案信息管理报告，向上级管理部门和医院管理层汇报档案信息管理工作情况，提出改进建议。

（三）执行层

医院各部门、各科室是医院档案信息管理体系中的基础单元，既是档案的来源地，又是档案信息管理基础工作的具体执行者，是确保档案资源完整性、准确性、安全性的重要力量。医院各部门、各科室应设置档案信息管理专业人员或兼职档案员，负责本部门、本科室档案材料的初步收集、整理、分类等工作，并定期移送医院档案信息管理部门；同时，负责与医院档案信息管理部门进行联系，为其提供必要的支持和协助。

二、医院档案信息管理人员队伍建设

医院档案信息管理人员队伍建设是确保医院档案信息管理高效、规范运行的关键。专业、高效的档案信息管理团队能够提升档案信息管理水平，为医院的医疗、教学、科研和行政管理工作提供有力支持。

（一）专业人员配备

医院应根据医院规模、档案种类和数量，合理配置档案信息管理人员数量，确保档案信息管理工作的顺利进行。在人员配备上，要重视档案信息管理人员的学历结构、专业结构和年龄结构，优先配备具有档案信息管理、信息管理和医学相关专业背景的专业技术人员。

（二）专业知识培训

坚持新的发展理念，定期组织档案信息管理人员参加档案信息管理、信息技术、法律法规等方面的培训，支持并提供学习资源和机会，如参加学术会议、研讨会、在线课程。同时，不断更新档案信息管理知识，提高档案信息管理人员的专业素质和技能水平。

（三）个人职业发展

加强职业道德教育，培养档案信息管理人员的职业责任感和敬业精神，确保其在工作中恪守职业道德，维护档案的真实性和完整性。另外，要完善档案信息管理人员的职业发展规划与激励机制，为档案信息管理人员的职称晋升、职务发展等提供便利，建立合理的薪酬激励制度，鼓励其热爱本职工作，激发其工作积极性和创造力。

>>> 第二节　医院档案信息管理制度

医院档案信息管理制度涵盖了档案的收集、整理、保管、利用、销毁、保密与解密，以及监督与检查等多个方面。这些制度的制定和执行对于确保档案的完整、准确、系统和安全具有重要意义。

一、医院档案信息管理的法律法规依据

医院是专业性比较强的机构，医院档案信息除了具有档案的共性特征外，还具有特殊内容。因此，医院档案信息管理首先要遵守国家档案信息管理的基本法规，如《中华人民共和国档案法》及其实施细则；其次要遵守行业法规，如《医疗机构病历管理规定（2013年版）》《医疗质量管理办法》。医院在档案信息管理的过程中，必须严格遵守这些法律法规，确保档案信息管理合法、合理、合规。下面简单介绍《中华人民共和国档案法》及其实施细则。

首部《中华人民共和国档案法》经第六届全国人民代表大会常务委员会第二十二次会议通过。2020年6月20日，第十三届全国人民代表

大会常务委员会第十九次会议对其进行了修订，自 2021 年 1 月 1 日起施行。《中华人民共和国档案法》是国家为了加强档案信息管理，规范档案的收集和整理工作，有效保护和利用档案，提高档案信息化建设水平，推进国家治理体系和治理能力现代化，为中国特色社会主义事业服务而制定的法律。《中华人民共和国档案法》的主要内容有以下几个方面。

（1）定义了档案的含义和范畴。《中华人民共和国档案法》指出，档案是指过去和现在的机关、团体、企事业单位和其他组织及个人从事经济、政治、文化、社会、生态文明、军事、科技等活动直接形成的，对国家和社会具有保存价值的各种文字、图表、声像等不同形式的历史记录。

（2）明确了档案信息管理的原则。《中华人民共和国档案法》指出，档案信息管理工作实行"统一领导、分级管理"的原则。一切国家机关、武装力量、政党、团体、企事业单位和公民都有保护档案的义务，享有依法利用档案的权利。

（3）规定了档案信息管理机构及其职责。《中华人民共和国档案法》规定，机关、团体、企事业单位和其他组织应当确定档案机构或者档案工作人员，负责管理本单位的档案，并对所属单位的档案工作实行监督和指导。

（4）确定了归档要求与范围。《中华人民共和国档案法》规定，反映国有企事业单位主要研发、建设、生产、经营和服务活动，以及维护国有企事业单位权益和职工权益的，直接形成的对国家和社会具有保存价值的材料，应当纳入归档范围，任何个人不得拒绝归档或者据为己有。

（5）完善了档案信息管理制度。《中华人民共和国档案法》规定，要配置适宜档案保存的库房和必要的设施、设备，确保档案的安全；采用先进技术，实现档案信息管理的现代化；建立健全档案安全工作机制，加强档案安全风险管理，提高档案安全应急处置能力；对涉及国家机密的档案的管理和利用，以及档案密级的变更和解密，应依照有关法律、行政法规办理；禁止篡改、损毁、伪造档案，禁止擅自销毁档案。

二、医疗卫生行业相关法律法规

为了增强档案信息管理的针对性、指导性和有效性，我国在医疗卫生领域制定了关于医院档案信息管理的法规，详细规定了医院档案信息管理的具体要求，为医院的档案信息管理提出了明确的指导意见。医院在档案信息管理的过程中，必须严格遵守这些法律法规，确保医疗记录的完整、准确和规范。

（一）《卫生档案管理暂行规定》

2008 年 4 月，国家卫生计生委（现国家卫生健康委员会）会同国家档案局结合卫生档案工作实际，制定了《卫生档案管理暂行规定》（简称《规定》）。《规定》明确指出，卫生档案管理工作是国家卫生工作的重要组成部分，是提高管理水平与服务质量、维护公民和卫生机构合法权益的基础性工作。各卫生机构要把档案工作纳入本单位发展规划和工作计划，保证机构、人员、经费和设施等档案工作的必备条件，保持档案工作人员的相对稳定。档案的信息化建设要与本单位的信息化建设同步发展，逐步实现档案管理信息化、服务网络化，不断提高档案的现代化管理水平。

《规定》针对全国卫生系统业务档案管理工作的实际需要，明确了我国卫生档案的概念和种类、卫生档案管理工作的基本原则、卫生档案管理工作在国家卫生工作中的重要地位、档案工作的体制、档案机构的职责、档案收集与管理的要求、档案的利用与开放要求，在理论上具有示范性。《规定》还对卫生档案管理程序中的各项工作，如归档、收集、整理、鉴定、编目与检索、安全保管、统计，以及档案移交、档案的数字化、电子文件的管理与查询利用、信息公开、公民隐私权保护、法律责任追究都做出了具体规定，在实践中具有可操作性。

为了提高档案信息管理的科学化水平和质量，《规定》对卫生档案工作人员的配置和待遇进行了规定，卫生档案工作人员应当爱岗敬业、忠于职守，具备档案业务专业知识，掌握现代化档案管理设备操作技能，定期参加档案业务、技术培训。卫生档案工作人员专业技术职务任职资格评审、岗位聘任等按照现行专业技术职务评聘的有关规定执行，并与本单位同等职级的其他专业技术人员享受同等待遇。这些规定有助于医院更加重视档案管理，提升档案管理质量。

（二）《医疗质量管理办法》

2016年9月，国家卫生计生委（现国家卫生健康委员会）为加强医疗质量管理，规范医疗服务行为，保障医疗安全，发布了《医疗质量管理办法》（简称《办法》）。《办法》虽然主要是为加强医疗质量管理、规范医疗服务行为、保障医疗安全而制定的，但其中也涉及了医院档案信息管理的相关要求，说明国家有关部门已经把医院档案信息管理纳入了医疗质量管理的范畴而予以重视。

《办法》强调了三个方面，一是档案信息管理的完整性，要求医院档案必须完整记录医疗活动的全过程，包括医疗计划、执行、监测、反馈和改进等各个环节。二是档案信息管理的准确性，要求档案记录必须准确无误，反映真实情况，以便医院在医疗质量评估、医疗事故处理等过程中提供可靠的证据。三是档案信息管理的可追溯性，通过档案信息管理，医院可以查询医疗活动的历史记录，为医疗质量的持续改进提供依据。在发生医疗事故或纠纷时，档案也是重要的证据。由此分析，档案信息管理在医疗质量管理中的作用主要有以下几点。

一是支持医疗质量评估。完整的医疗档案为医疗质量评估提供了基础数据。通过对档案的分析，可以评估医疗活动的质量水平，发现存在的问题，并采取相应的改进措施。

二是促进医疗质量持续提升。档案信息管理有助于医院跟踪医疗活动的变化，及时发现并纠正问题。通过持续监测和评估，医院可以不断完善医疗流程，提升医疗质量。

三是保障医疗安全。准确的医疗档案记录了患者的诊疗过程和医疗结果，有助于医院及时发现并处理潜在的医疗风险，从而保障医疗安全。

（三）《医疗机构病历管理规定（2013 年版）》

2013 年 11 月 20 日，国家卫生计生委（现国家卫生健康委员会）、国家中医药管理局印发《医疗机构病历管理规定（2013 年版）》（简称《病历管理规定》）。《病历管理规定》分总则、病历的建立、病历的保管、病历的借阅与复制、病历的封存与启封、病历的保存等部分，自 2014 年 1 月 1 日起施行。《病历管理规定》要求，医务人员应当按照《病历书写基本规范》《中医病历书写基本规范》《电子病历基本规范（试行）》和《中医电子病历基本规范（试行）》的要求书写病历，并要求医院遵循以下关键步骤和要求。

1. 病历的定义与分类

病历是医务人员在医疗活动过程中形成的文字、符号、图表、影像、切片等资料的总和，包括门（急）诊病历和住院病历。病历按记录形式可分为纸质病历和电子病历，二者具有同等法律效力。

2. 病历管理制度的建立

医院应建立健全病历管理制度，设置病历管理部门或配备专（兼）职人员，负责病历的管理工作。医院应建立病历质量定期检查、评估与反馈制度，医务部门负责病历的质量管理。

3. 病历的建立与保管

一是病历编号。医院应为每位患者建立唯一的标识号码，用于门（急）诊病历和住院病历的编号。若已实施电子病历，应确保病历标识号码与患者身份证明编号相关联。

二是病历书写。医务人员应按照《病历书写基本规范》《中医病历书写基本规范》《电子病历基本规范（试行）》和《中医电子病历基本规范（试行）》等相关要求，准确、完整地书写病历。

三是病历排序与装订。病历既应按照规定的顺序排序，也应按照规定的顺序装订保存，以确保资料的完整性和检索的便捷性。

四是病历保管。门（急）诊病历原则上由患者自行保管。若医院设有档案信息管理部门或采用电子病历系统，经患者或其法定代理人同意后，可由医院代为保管。住院病历由医院负责保管。患者住院期间，住院病历由所在病区负责统一保管。若因医疗活动或工作需要携带病历出病区，应由病区指定的专门人员负责携带和保管。患者出院后，住院病历由病历管理部门或专（兼）职人员统一保存、管理。

4. 病历的查阅与复制

（1）病历资料查阅。除为患者提供诊疗服务的医务人员，以及经授权的相关部门或人员外，其他任何机构和个人不得擅自查阅患者病历。若其他医院或医务人员因科研、教学等需要查阅病历，应向患者就诊的医院提出申请，经同意并办理相应手续后方可进行。查阅过程中不得将病历资料带离患者就诊的医院，查阅完毕后应立即归还。

（2）病历资料复制。医院应受理患者本人或其委托代理人、死亡患者的法定继承人或其代理人的病历资料复制申请，并按规定提供服务。在受理复制申请时，需对申请人提供的证明材料进行审核，并根据复制病历的有关规定，只复制病历中的相关内容，如体温单、医嘱单、住院志等，一般情况下不得全部复制。复制的病历资料需经申请人和医院双方确认无误后，加盖医院证明印鉴。

5. 病历的封存与启封

因特殊原因，依法需要封存病历时，应在医院或其委托代理人、患者或其代理人在场的情况下，对病历（或其复制件）共同进行确认并签封。若患者或其代理人拒绝或放弃封存，医院可在公证机构到场公证的情况下进行确认，并由公证机构签封。开启封存病历时，必须确保签封各方均在场。

6. 病历的保存期限

门（急）诊病历的保管期限自患者最后一次就诊之日起不少于15年。住院病历的保管期限自患者最后一次出院之日起不少于30年。

7. 其他注意事项

医院应加强病历管理，严禁随意涂改病历，以及伪造、隐匿、销毁、抢夺、窃取病历等行为。

三、医院档案信息管理日常工作制度

（一）档案收集制度

档案收集是医院档案信息管理的基础，档案收集制度是最重要的管理制度，其核心在于对医院各部门在日常运营中产生的具有保存价值的文件材料进行全面、系统的收集，确保文件材料的完整性、准确性和安全性。

（1）收集范围。与归档范围紧密对应，明确界定需要收集的文件材料类型和范围。这包括但不限于各类纸质文件、电子文档、照片、录音、录像等多媒体资料。

（2）收集要求。各科室需指定专人负责本科室的档案管理工作。在收集过程中，要特别注意文件材料的原始性和完整性，不得对其进行随意涂改、撕毁或丢失，以保证档案的真实性和可靠性，能够真实反映医院各项工作的实际情况。

（3）收集方式。可以根据实际情况采取多种方式进行收集。例如，定期收集是指按照预先设定的固定周期（如每年、每季度）进行定期归档整理；随时收集是指工作人员在工作中随时发现并确认需要归档的文件材料即进行收集；专项收集则是指针对特定项目或事件进行专门收集，确保相关文件材料的完整性和准确性。

（4）收集流程。兼职档案员在收集过程中应对文件材料进行初步整理和分类，确保档案的有序性和可查性。将整理好的文件材料按照规定的时间和程序移交给档案管理部门，由专职档案员进一步整理和归档。在这个过程中，应办理相关移交手续，明确交接双方的责任和义务，确保文件材料的交接和保管责任明确。

（二）档案整理归档制度

档案整理归档是指将具有保存价值的文件材料，按照一定的原则和要求，进行分类、整理、编号、装订和保管的过程。其主要内容包括以下几个方面。

（1）整理原则。遵循档案形成的规律和特点，按照科学合理的分类方法，对收集到的文件材料进行去重、分类、编号、装订等处理，确保档案的原始性、规范性和可读性。同时，确保整理后的档案能够系统、完整地反映医院工作的历史面貌和实际情况。

（2）归档范围。明确哪些文件材料需要归档，哪些不需要归档。通常，反映医院各项工作活动、具有查找利用价值的文件材料，如医疗记录、行政文件、科研资料、财务报表、人事档案，均应按要求归档。

（3）归档要求。编制档案目录和索引，区别不同的档案类别和保管期限，做到分类清楚，组卷合理。卷内文件的排列要有序，使案卷能够正确地反映相关工作的全貌，便于保管和利用。归档案卷题名、卷内文件目录及立卷人、立卷时间均应填写清楚，案卷标题要简明确切，保管期限应准确，装订要齐整、牢固。有条件的医院，要对档案进行数字化处理，实现档案的电子化存储和检索。

（4）归档时间。各科室档案员应在规定时间内将本科室的档案整理立卷并移交档案管理部门。例如，每年4月底前将上一年度的档案进行整理立卷并移交。

（5）归档手续。归档时需办理相关手续，如填写归档清单、移交清单，确保档案的交接和保管责任明确。

（三）档案查询使用制度

档案使用应严格遵循相关法律法规和医院规章制度，确保所有使用行为合法合规。为确保档案使用的合法性与合理性，医院需建立严格的审批流程。申请者需向档案信息管理部门提交详细的申请材料，明确使用目的、预期成果、使用方式及时间范围等信息。档案信息管理部门在收到申请后，将对申请内容进行审查，并征求相关部门或专家的意见，确保申请内容符合规定。在审批通过后，申请者需签订档案使用协议，明确双方的权利与义务，确保档案的使用安全、合规。

（四）档案开发利用制度

档案的开发利用是档案管理的重要环节，旨在挖掘档案资源的价值，服务于医疗、科研、管理和社会。将静态档案转化为动态资源，支持工作决策、科研教学和历史、文化发展研究，提升档案价值。

（1）档案开发利用的原则。一是合法性，严格遵守《中华人民共和国档案法》及相关法律法规，确保档案开发利用行为合法合规。二是安全性，保护档案实体安全及信息安全，防止泄露、篡改或损毁。三是实用性，结合医院实际需求，优先开发具有高利用价值的档案资源。四是可追溯性，确保档案利用过程可追溯，便于审核和监督管理。

（2）档案开发利用的主要途径。一是基础性开发，编制档案检索工具，建立档案目录、索引、专题数据库等，提高档案检索效率。二是编辑档案汇编、专题资料、院史年鉴等，提炼档案中的核心信息，为管理决策提供参考。三是信息化开发，将纸质档案转化为电子档案，构建数字化档案库，利用大数据技术分析档案数据。四是服务性开发，为党政机关、司法组织、公共卫生机构、商业保险机构等提供必须的或公益性的社会服务。

>>> 第三节　医院档案信息管理制度的执行与监督

档案信息管理工作应建立一套科学完善的执行与质量监督机制，设立专门的监督组织，配备素质高、专业水平高，工作认真负责的人员从事监督工作，确保档案信息管理制度得到有效执行。通过监督机制，明确档案管理的考核标准和责任追究机制，有助于减少管理失误和漏洞，提高档案管理的标准化、规范化、科学化。同时，发现问题应及时整改。其主要形式有内部监督、上级监督、社会监督等，监督内容主要包含以下几个方面。

（1）定期检查与随机抽查相结合。档案管理部门应定期对各部门档案的收集与归档情况进行检查，发现问题及时督促整改。同时，还需要对档案的完整性、准确性和系统性进行评估，确保档案质量符合医院的要求。

（2）质量考核评估与奖惩相结合。将档案的收集与归档工作纳入医院绩效考核体系，对表现优秀的部门和个人进行表彰和奖励，对违反相关规定的行为进行严肃处理，以形成制约力。这样可以激励各部门和个人重视档案信息管理工作，提高档案信息管理的质量和效率。

（3）业务培训与指导相结合。定期对兼职档案员进行档案管理培训，提高其档案管理意识和能力。培训内容包括但不限于档案的重要性、档案的分类与编码、档案的收集与归档、档案的保管与利用等。通过培训指导，可以提高兼职档案员的专业素养和工作能力，为医院档案信息管理工作的顺利开展提供有力保障。

第三章
医院人事档案管理

>>> # 第一节　医院人事档案

医院人事档案是记录医务人员、管理人员、后勤服务保障人员等群体的出生信息、籍贯、学习工作经历、思想政治与品德表现、工作能力与业绩、工资变动等信息的材料的集合，与个人的学习工作同步，是医院和相关部门进行选人用人、考核奖惩，以及决定离职退休等工作的重要依据。因此，要对医院人事档案进行有效管理。

一、人事档案的主要内容

（1）基本信息。包括员工的出生时间、出生地点、籍贯；父母、兄弟姐妹，三代以内的社会关系、岳父母等基本信息，这些信息一般不独立存在，而是贯穿于档案之中。

（2）学习经历。包括学历学位证书、毕业登记表、录取通知书、成绩单、毕业鉴定表等材料；进修培训证书；执业资格证书（如医师资格证、护士执业证）、职称资格和聘任证书；各类指令性专题学习，与专业技术继续教育、进修培训等相关的审批表、鉴定表和证书等。

（3）工作经历。毕业派遣通知、入职登记表、工作合同（劳动协议）；工作单位或岗位变动、职务职称变动、工资变动、职业道德考核、离职退休证明等审批表格或相关文件。

（4）考核与奖惩。专业技术考核表、单位年度考核表、各级各类表彰奖励审批表（无审批表的要有表彰证书原件或复印件）、违规违纪处分记录等材料。

（5）科研项目与成果。科研项目立项审批、结题；科研成果审批、发表的论文。

（6）其他材料。党团关系材料、个人健康查体（入职体检报告、职业病筛查记录等）、出国（境）审批文件、重大事项报告（如兼职、投资）等。

二、人事档案的特点

人事档案除了具备档案所共有的属性外，还具有其自身的特点，主要表现在以下四个方面。

（一）真实性

真实性是人事档案的生命。要保证其真实性，一定要做到"三个必须"：归档材料必须经过组织审查和认可，归档材料必须符合有关政策规定的要求，归档材料必须经过认真鉴别。

（二）完整性

完整性是指人事档案的内容应当反映个人的全面情况和全部经历。为了保证人事档案的完整性，要及时、经常地将反映个人变化的人事档案材料收集归档。

（三）动态性

随着个人经历的丰富，反映其德、能、勤、绩、廉的材料也在逐步增加。由于人事档案材料形成于不同的历史时期，因此不可避免地带有时代的色彩。为了保证人事档案的准确性和可靠性，必须根据情况变化和相关规定，将不够准确的材料进行清理。

（四）机密性

人事档案记载了个人各方面的情况，涉及个人的相关工作和一些重大事件，能够反映个人的功绩、过错和失误。其绝大部分内容只能由组织掌握，不能向社会扩散，也不得随便公开。

三、人事档案的作用

人事档案是人事管理实践活动的产物，其作用主要表现在以下几个方面。

一是发挥重要的依据作用。人事档案是知人善任、选贤任能的一个重要依据。由于人事档案是在选拔、使用、考察、培养干部的过程中形成的，是干部德、能、勤、绩、廉等情况的综合记录，因此，查阅人事档案历来是对干部进行任免、调配、考察、审查等的一个重要程序和行之有效的工作制度。人事档案为选拔人才等工作起着重要的依据作用。

二是发挥可靠的凭证作用。人事档案能为常规政治审查提供可靠的凭证。人事档案收存的材料形成于不同时期，材料上留有组织公章、当事人手迹或印鉴等具有法律效力的标志，能够比较客观地反映一个人各方面的状况。因此，人事档案能为落实政策、确定职级待遇等问题提供可靠的凭证。

三是发挥准确的信息作用。作为人才信息"缩影"的人事档案，在开发人才过程中占有重要的位置。人事档案是储存人才资源的信息库，具有信息集中、系统、准确、全面的特点，能为人事工作提供各种有价值的信息。人事档案部门通过对档案材料中的各种数据进行统计和分析研究，从中掌握人事队伍的总体变化情况及规律，为人事工作的决策提供有力的依据。

四是发挥珍贵的资料作用。人事档案是撰写各类人物传记的珍贵资料。它内容丰富，涉及面广，具有很强的"时代痕迹"，也具有很高的史料价值。

>>> 第二节　医院人事档案管理的主要内容

一、医院人事档案管理概述

人事档案管理是医院对员工的人事档案进行收集、整理、保管、利用等一系列活动的总称。这些活动包括员工档案的建立、更新、查询及利用等，旨在确保员工信息的完整性、准确性与及时性，确保医院的人力资源得到合理配置与高效利用。

人事档案管理在医院的运行中扮演着至关重要的角色，是医院管理中的重要环节和组成部分。通过管理员工的人事档案，医院可以全面了解掌握员工的年龄、学历、工作经历、专业技能等信息，为医院的人才使用、培养和引进提供重要依据。人事档案管理有助于医院内部人力资源管理的优化，提高整体工作效率和发展竞争力。例如，在员工晋升、招聘录用等方面，人事档案管理发挥着关键作用，通过查阅员工的人事档案，医院可以客观地评估员工的工作表现和潜力，为制订合理的晋升和招聘计划提供有力支持。人事档案管理还直接影响员工的权益与福利，有利于确保员工的薪酬待遇、社会保险、劳动合同等信息的准确性和合规性。通过加强人事档案管理，医院还可以更好地挖掘和弘扬医院文化，增强员工的归属感和凝聚力，从而推动医院的可持续发展和进步。

二、医院人事档案管理特点

医院人事档案管理是医院管理工作的重要组成部分，其特点主要有以下几个方面。

（1）复杂性是医院人事档案管理的首要特点。医院的员工类型众多，不同岗位的员工在工作职责、专业技能等方面存在显著差异。医院人事档案管理需要全面考虑员工的个体差异，确保档案内容的完整性和准确性。这就要求管理人员具备丰富的医学知识和较强的档案管理技能，以便对员工的绩效、晋升等进行全面评估。

（2）专业性是医院人事档案管理的核心特点。医院人事档案管理并非简单的资料存储和提取过程，而是需要对医学、档案学等多领域知识进行综合运用。管理人员需要具备专业的医学知识，以准确了解员工的专业背景和技能水平；同时，他们还需要掌握专业的档案管理技能，以便对员工的档案进行有序、高效的管理。专业性还体现在对新技术、新手段的运用上，如通过信息化手段提高档案管理的效率和准确性。

（3）保密性是医院人事档案管理的关键特点。医院员工的档案中包含隐私信息，如健康状况、家庭情况。这些信息具有高度机密性，需要严格保护员工的合法权益。医院人事档案管理需要严格遵守保密规定，确保员工档案的安全性和保密性。这就要求管理人员具备高度的责任心和较高的职业道德素养，严格遵守相关法律法规和内部管理制度。

三、医院人事档案管理组织体系

医院要切实重视人事档案管理工作，并将其列为年度考核内容，以建立和完善人事档案管理制度。每 1000 卷档案一般应配备 1 名专职工作人员。有业务指导功能的人事档案工作机构，还应配备相应的业务指导人员，明确岗位，专人负责。

人事档案工作机构的职责包括人事档案的建立、接收、保管、转递，档案材料的收集、鉴别、整理、归档，档案信息化等日常管理工作；人事档案的查（借）阅、档案信息研究等利用工作，组织开展人事档案审核工作；配合有关方面调查涉及人事档案的违规、违纪、违法行为；指导和监督检查下级单位的人事档案工作；办理其他有关事项。

人事档案工作人员应当政治立场坚定、坚持原则，忠于职守、甘于奉献、严守纪律。对于表现优秀的人事档案工作人员，应当着重培养。

>>> 第三节　医院人事档案管理的要求

人事档案管理主要包括档案的建立、接收、保管、转递、信息化、统计和保密，以及档案材料的收集、鉴别、整理和归档等。

一、人事档案分类

人事档案通常根据内容的不同进行分类，主要分为十大类：履历类，自传和思想类，考核鉴定类，学历学位、专业技术职务（职称）、科研学术水平、教育培训类，政审类，党团组织类，表彰奖励类，违规违纪类，工资任免出国类，其他类。

二、人事档案档号编制

档号的编制通常结合档案的分类方法进行，可以先根据档案的内容或时间进行分类，然后在每类档案内部按照特定的编码规则为每份档案分配一个档号。档号是人事档案的唯一标识，用于区分和检索不同的档案。档号的编制通常遵循以下原则。

（1）唯一性。每份档案都应有一个独一无二的档号，以确保能够在庞大的档案库中准确找到所需的档案。

（2）规律性。档号的编制应具有一定的规律性，如采用特定的编码规则或格式，以便于管理和检索。

（3）可扩展性。随着档案数量的增加，档号的编制方法应具有一定的可扩展性，以适应未来档案库的发展需求。

三、人事档案材料编目

人事档案必须有详细的档案材料目录。目录是档案内容的索引，要认真进行编写，具体要求如下。

（1）按照类别排列顺序及档案材料目录格式，逐份、逐项地进行填写。

（2）根据材料题目填写材料名称。无题目的材料，应拟定题目。材料的题目过长时，可适当简化。拟定或简化的题目，必须确切反映材料的主要内容或性质特点。凡原材料的题目不符合实际内容的，须另行拟定题目或在目录上加以注明。

（3）材料形成时间，一般采用材料落款标明的最后时间。复制的档案材料，采用原材料形成时间。

（4）填写材料份数时，以每份完整的材料为一份（包括附件）；材料页数的计算，采用图书编页法，每面为一页，如数填写。

（5）书写目录要工整、正确、清楚、美观，不得使用圆珠笔、铅笔、红笔及纯蓝墨水笔书写。填写目录后，要检查核对，做到准确无误。

（6）书写目录时，每类目录后须留出适量的空白，在补充档案材料时使用。

第四章
医院病历档案管理

>>> 第一节 医院病历概述

一、病历的含义

病历在我国不同历史时期有"诊籍""医案"或"脉案"之称。目前，医疗卫生单位对其规范称谓是"病案"，但业内和社会都习惯将其称为"病历"。病历是医务人员在疾病诊断治疗、检验检查和护理服务过程中的原始记录，是医疗行为的依据和总结。国家卫生计生委（现国家卫生健康委员会）、国家中医药管理局印发的《医疗机构病历管理规定（2013年版）》明确定义：病历是指医务人员在医疗活动过程中形成的文字、符号、图表、影像、切片等资料的总和，包括门（急）诊病历和住院病历。

因此，关于病历的含义可以从两方面理解：一是对患者健康事件的记录，由参与患者治疗的卫生专业人员所记录的、关于患者病史的事件汇编，包括患者过去的和现在的病史及治疗史；二是医疗行为的依据与凭证。病历的内容不仅包括患者自己的陈述，也包括患者家属的陈述内容，是患者接受诊断治疗、检验检查和护理服务全过程中形成的记录。

二、病历的重要性

病历是医疗活动的记录，无论在国外还是国内都有较长时间的发展历史。改革开放后，随着我国医疗卫生事业的迅速发展，卫生医疗和保障政策不断建立、完善和优化，医疗服务的数量和质量都有了很大提升，病历的数量也随着门诊、住院量的增长而快速增加。医院、患者和社会各界查询、利用病历的频率与质量要求也在不断提升，病历的重要性越来越凸显，主要表现在以下几个方面。

（一）医院质量管理方面

病历作为医院中有效且重要的信息之一，能够直接反映医院的医疗质量和管理水平。另外，衡量医院医疗水平高低的一个重要指标就是其病历管理的科学化和规范化水平。病历管理得好，可以使其更加充分地为医疗活动服务，促进医院医疗水平的提高。

（二）科研、教育教学方面

从科研方面来说，人类在长期的医疗实践中积累了大量临床资料，包括病史的记录、疾病的分类、病因的分析等。医务人员通过对大量不同时期的病历进行研究和学习，分析疾病发生和发展的规律，总结人们战胜疾病的经验。这不仅有利于医疗活动，更有利于指导医学基础理论等方面的研究，推动医学的进步。

从教育教学方面来说，一本合格的病历就像是一本优秀的教材。由于病历是对患者疾病情况连续且动态地记录，因此，组织学生对已存在的临床病历进行分析讨论，可以使他们更加深刻地理解和掌握所学理论知识和临床实践技能。一门学科的发展与进步需要建立在对该学科的历史经验总结的基础上，因此病历在教育教学中也起着非常重要的作用。

（三）医疗保险方面

由于医疗保险制度的实施，参加医疗保险的患者的部分医疗费用支出由医疗保险专门机构来承担。医疗保险专门机构在支付医疗保险的过程中，首先需要核实医院的处方和收费清单；对于重大检查和贵重药品的使用，还需要核对病历中的相关记录和报告等凭证。因此，病历在医疗保险中同样具有相当重要的作用。另外，随着商业保险的不断发展，病历已成为相关保险机构理赔的重要考量依据。

（四）法律支持方面

医疗工作是一项比较复杂的活动，一是诊断治疗的专业性强，需要相关人员具备丰富的专业知识和实践经验；二是医疗环节较多，参与医疗的医务人员数量也比较多，责任交接需要清晰明确；三是患者自身的身体条件也存在差异，同样的疾病诊治方案对不同患者的效果也有所不同。一旦发生医疗纠纷或医疗事故，为了保护医院、医务人员及患者、家属的合法权益，医患双方、卫生主管部门、司法机关在对医疗事件进行处理的过程中，也会将病历所记载的内容及相关材料作为责任界定、进行司法鉴定的主要依据，因此，病历是处理医疗纠纷至关重要的文件。

（五）文化传承建设方面

病历记录了医疗活动的完整过程，这些记录不仅保存了历代医务人员的诊疗思路，还反映了不同时期的医学理论演变和技术创新，为后世研究医学史提供了第一手资料。病历在文化传承中的作用体现为"记录历史—传承学术—塑造文化—推动创新"的过程。其价值不仅在于保存信息，更在于为未来医学的发展提供借鉴。例如，北京协和医院将病历视为"三宝"之一，其保存的百年病历不仅助力了学科建设，还成为连接传统医学与现代文明的重要桥梁，是医院文化精神传承的象征。

综上所述，病历不仅是医疗活动的核心记录，更是连接医学发展、法律保障、社会管理的重要纽带。其规范化管理对提升医疗质量、保障医患双方权益具有不可替代的作用。

>>> 第二节　病历档案管理及其意义

病历档案管理是针对病历档案开展的收集、整理、保存、使用及销毁等一系列活动的总称，是病历档案管理部门直接对病历档案实体、病历档案质量、病历档案信息和病历档案数据进行的管理。写好、建好、管好、用好病历档案，是病历档案管理的本质要求。

病历管理与病历档案管理的含义略有不同。在内容上，病历管理强调的是对病历书写和医学文书的质量管理，旨在准确、完整地反映医疗活动的全过程。病历档案管理一般是指按照病历档案的管理要求进行的病历归档、保管、使用等工作。在管理主体上，病历管理一般是由医院的医疗管理部门负责；而病历档案管理一般是在医院医疗管理部门的领导或指导下，由医院的病历档案专门管理机构（俗称"病历室"）负责，有的医院在医院档案信息管理部门中进行病历档案一体化统筹管理。

下面着重讨论病历作为档案管理的相关内容，即病历档案管理。

病历档案管理是医院管理的组成部分。1921 年，北京协和医院建立了我国病历档案管理史上的第一家病历室，开启了我国集中统一管理病历档案的先河。1982 年，卫生部（现国家卫生健康委员会）颁布《全国医院工作条例》，提出要"认真按时写好病历，保持病历的及时性、准确性、完整性，提高病历书写质量"。2013 年，国家卫生计生委（现国家卫生健康委员会）、国家中医药管理局印发了《医疗机构病历管理规定（2013 年版）》，对病历的建立、保管、借阅与复制、封存与启封、保存等进行了详细规定。

随着"健康中国"理念的不断推进，健康管理已成为公民的合法权益和生活方式，利用病历档案的主体不仅仅是医院、患者，而是需要将病历档案信息纳入公民健康信息平台，与公共卫生机构协同共建共享，产生的病历档案为患者全生命周期疾病的预防、治疗、康复和健康自主管理提供信息服务。病历档案的形式也在不断拓展，由单一的文本向多媒体形式发展，从单系统数据向大数据发展。病历档案数据不断丰富，病历档案的价值也在不断提升。

一、病历档案管理组织体系

《医疗机构病历管理规定（2013 年版）》明确要求，医院应当建立健全病历信息管理制度，设置病历信息管理部门或者配备专（兼）职人员，负责病历信息管理工作。

医院病历档案管理组织体系主要包括以下几个关键组成部分。

（1）病历信息管理委员会。病历信息管理委员会主任由分管院长担任，成员包括医务科、护理部、质控科等相关部门负责人。从职能上来说，病历信息管理委员会除了负责制定病历信息管理制度，监督病历档案的质量管理工作，还要负责组织并监督病历档案的收集归档和使用管理工作。

（2）档案管理部门。档案管理部门是医院中专门负责收集、整理、存档及管理病历的日常工作机构，负责病历的编号、归档、借阅、保管等工作，确保病历的完整性和安全性。同时，提供病历的复印服务，以满足患者、医院及其他主体的相关需求。

（3）临床科室病历质量管理小组。由临床科室主任或指定负责人担任领导，成员包括质控医师、质控护士等，负责本科室病历书写质量的管理与质量控制，确保病历的准确性和完整性。

这些机构共同构成了医院病历信息管理体系，确保了对病历信息的有效管理和利用。其中，病历信息管理委员会负责制定病历信息管理制度和监督相关工作的实施，档案管理部门负责具体的病历管理，而临床科室病历质量管理小组则负责病历书写质量的管理与质量控制。这些机构各司其职，相互协作，共同维护了医院病历信息的安全、完整和有效利用。

二、病历档案管理模式

病历档案管理的主要内容随着社会的进步、临床医学模式的演进和信息技术的不断发展而不断丰富。从最初以手工方式对病历进行简单的收集、整理、保管，到利用全程管理理论，对病历进行收集整理、鉴别分类、利用开发等规范化闭环管理，再到利用电子病历系统采集、组织、存储、传递、利用病历，最后到利用云计算、物联网、人工智能等现代信息技术对病历数据进行管理，病历档案管理的内容不断丰富，管理手段不断优化，提供病历信息服务的能力不断提升。

（一）病历档案实体化管理模式

病历档案的实体化管理模式一般以 1921 年北京协和医院建立的我国第一家病历室为标志。病历档案实体化管理模式是一种以纸质病历为核心、以物理档案保管为目的、以手工操作为主的传统管理模式。其核心是通过对病历实体（纸质文件）的收集、整理、存储和利用，确保病历的完整性与安全性。病历档案实体化管理模式有以下特点：一是技术简单，以手工操作为主，依赖人工完成病历的编号、分类、装订及归档，效率较低且易出错，借阅和复印需通过纸质申请和审批流程，管理流程烦琐。二是侧重于病历归档后的静态管理，缺乏对病历运行过程（如书写质量、实时更新）的质控，无法有效干预病历形成过程中的错误或遗漏。三是存储与空间挑战。随着病历数量的激增，病历储存空间不足的问题凸显，需扩建库房或压缩存储密度，且长期保存的纸质病历易受环境（如潮湿、虫蛀）影响，维护成本高。四是专业管理人员匮乏，且普遍缺乏档案管理基础知识及病历管理专业知识，管理的规范化程度较低。

（二）病历档案全程化管理模式

病历档案全程化管理模式是一种覆盖病历档案"形成—流转—归档—利用"全过程的系统性管理体系，强调从源头质控到终末利用的闭环管理，逐步实现从被动管理到主动服务的转型。病历档案全程化管理模式一般分四个阶段。一是形成阶段，其重点是源头质量控制，临床科室医务人员和病历管理人员通过自查（如病程记录及时性、知情同意书完整性）和院级抽查（如医务科审核诊断准确性）确保病历书写的及时性、真实性和规范性。二是流转阶段，加强对病历在临床科室内部流转的管理，使相关环节的责任和责任人员清晰，并按归档的时间要求，采取档案管理部门的工作人员到科室收集或者临床科室病历管理员主动递送的形式，确保病历应归尽归，不遗漏丢失。三是归档阶段，档案管理部门按照管理要求，认真核对所接收的病历的内容是否完整齐全、排列顺序是否正确，随后进行编码、装订、存储，并建立索引目录。四是利用开发阶段，通过完善的病历查（借）阅使用制度和审批程序，为各类主体提供服务，如科研、教学案例或数据、法律事务调阅、医疗保险审核、病历复印、文化挖掘展示。在这个环节中要注意权限管理，保证病历信息的隐私性。

（三）病历档案信息化管理模式

这一阶段的病历档案管理内容主要围绕电子病历体系设计和系统建立，在纸质病历档案规范化管理的基础上，利用计算机、互联网、大数据等新兴技术，对病历的采集、组织、存储、传递和利用等进行科学管理。信息技术的先进性、便捷性，使电子病历迅速兴起，但对于电子病历的模式设计、内容规定、法律法规建立等方面，没有统一的规范。

病历档案信息化管理模式具有以下优点：一是提高了病历管理的质量和效率，通过电子病历的格式模板和计算机的复制粘贴等功能，大大减少了手工录入的时间和错误。二是便于信息查询共享，接诊医务人员和相关部门可以快速访问患者的既往就诊记录和相关医疗信息，快速了解患者的病情，以便进行准确的诊断和治疗。三是提高了病历的安全性，减少了纸质病历丢失或损坏的风险，便于病历的长期保存和管理。然而，病历档案信息化管理模式也存在一些缺点：一是病历模板格式化和计算机复制粘贴等功能，有可能降低医务人员的创新积极性，出现消极心理。二是存在信息安全风险，如果没有完善的技术保障和严格的管理制度，患者的病历信息容易被泄露。

>>> 第三节　病历管理规定

根据《医疗机构病历管理规定（2013 年版）》，医务人员应按照相关要求书写病历。

一、病历的建立

（1）医院应当建立门（急）诊病历和住院病历编号制度，为同一患者建立唯一的标识号码。已建立电子病历的医院，应当将病历标识号码与患者身份证明编号相关联，使用标识号码和身份证明编号均可以对病历进行检索。

（2）门（急）诊病历和住院病历应当标注页码或者电子页码。

二、病历的保管

（一）病历的基本管理要求

（1）门（急）诊病历原则上由患者负责保管，医院应当将检查检验结果及时交由患者保管。

（2）经患者或者其法定代理人同意，门（急）诊病历可以由医院负责保管。医院应当在收到检查检验结果后 24 小时内，将检查检验结果归入或者录入门（急）诊病历，并在每次诊疗活动结束后首个工作日内将门（急）诊病历归档。

（3）住院病历由医院负责保管。患者住院期间，住院病历由所在病区统一保管。因医疗活动或者工作需要，须将住院病历带离病区时，应由病区指定的人员负责携带和保管。医院应当在收到住院患者检查检验结果和相关资料后 24 小时内归入或者录入住院病历。患者出院后，住院病历由档案管理部门或者专（兼）职人员统一保存、管理。

（4）门（急）诊病历由医院保管的，保存时间自患者最后一次就诊之日起，不少于 15 年；住院病历保存时间自患者最后一次住院的出院之日起，不少于 30 年。

（5）医院变更名称时，其所保管的病历应当由变更后的医院继续保管。医院撤销后，其所保管的病历可以由省级卫生行政部门或者省级卫生行政部门指定的机构妥善保管。

（6）医院应当严格落实病历管理措施，严禁擅自伪造、涂改、隐匿、销毁、抢夺、窃取病历等行为。

（二）病历的收集与归档

（1）病历书写完成后，由责任人员或护士进行初步审核，确保病历的完整性、准确性，并由科室指定的人员负责收集、整理，进行归档。

病历归档时应确保病历清洁、干燥、无破损，并按照以下顺序装订保存：住院病历首页、入院记录、病程记录、术前讨论记录、手术同意书、麻醉同意书、麻醉术前访视记录、手术安全核查记录、手术清点记录、麻醉记录、手术记录、麻醉术后访视记录、术后病程记录、出院记录、死亡记录、死亡病例讨论记录、输血治疗知情同意书、特殊检查（特殊治疗）同意书、会诊记录、病危（重）通知书、病理资料、辅助检查报告单、医学影像检查资料、体温单、医嘱单、病重（病危）患者护理记录。

（2）医院档案信息管理部门或工作人员要采取及时有效的方式，定期收取病历，认真做好病历入库和归档登记。档案管理部门人力充足的医院，要对收取的病历进行内容与装订顺序的审核，若发现问题，及时与有关科室医护人员联系修改完善。

（3）病历归档后，应存放于指定的病历库房，由专人负责保管。病历库房应具备防火、防盗、防潮、防虫、防尘、防霉等条件，以确保病历的安全。

三、病历的查阅与复制

根据《医疗机构病历管理规定（2013 年版）》以及《医疗事故处理条例》和《中华人民共和国民法典》的相关条款，医院医务人员、患者、政府部门、司法机构、保险公司等有权查阅和复制病历，医院有义务配合。病历查阅应以保障患者隐私权、医疗质量和安全为前提，应遵循合法、合规、正当、必要的原则，严格控制查阅范围，防止病历信息泄露。

（一）患者查阅与复制

医院应当受理患者本人或者其委托代理人、死亡患者法定继承人或者其代理人查阅或复制病历资料的申请，并依照规定提供病历复制或者查阅服务。受理申请时，应当要求申请人提供有关证明材料，并对申请材料的形式进行审核。

（1）申请人为患者本人的，应当提供其有效的身份证明。

（2）申请人为患者代理人的，应当提供患者及其代理人的有效身份证明，以及代理人与患者代理关系的法定证明材料和授权委托书。

（3）申请人为死亡患者法定继承人的，应当提供患者的死亡证明、死亡患者法定继承人的有效身份及其与法定继承人关系的法定证明材料。

（4）申请人为死亡患者法定继承人代理人的，应当提供患者的死亡证明、死亡患者法定继承人及其代理人的有效身份证明，死亡患者与法定继承人关系的法定证明材料，代理人与法定继承人代理关系的法定证明材料及授权委托书。

医院可以为申请人复制门（急）诊病历和住院病历中的体温单、医嘱单、住院志（入院记录）、手术同意书、麻醉同意书、麻醉记录、手术记录、病重（病危）患者护理记录、出院记录、输血治疗知情同意书、特殊检查（特殊治疗）同意书、病理报告、检验报告等辅助检查报告单、医学影像检查资料等病历资料。一般不提供其他资料，如确有需要的，要经医院医务主管部门批准。

（二）政府部门、司法机构、保险公司查阅与复制

人力资源社会保障部门、卫生与健康委员会等政府部门，公安、法院等司法机关，以及各类保险公司等，出于行政管理、办理案件、依法实施专业技术鉴定、医疗保险审核或仲裁等需要，可以根据需要要求医院提供患者的部分或全部病历。

（1）调取病历的相关规定。

（2）经办人本人的有效身份证明、工作证明（与行政机关、司法机关、保险公司或者负责医疗事故技术鉴定的部门一致）。

（3）商业保险机构提出审核、查阅或者复制病历资料要求的，还应当提供保险合同复印件、患者本人或者其代理人同意的法定证明材料；患者死亡的，应当提供保险合同复印件、死亡患者法定继承人或者其代理人同意的法定证明材料。

（三）院内医务人员查阅与复制

直接为患者提供诊疗服务的医务人员，可基于工作需要查阅病历，无须额外审批，但需要报备登记。其他院内医务人员，如因科研、教学工作需要查阅与复制病历，需如实填报申请理由，获批后方可查阅与复制。

四、病历的封存与启封

特殊情况下，需依法封存病历时，应当在医院或者其委托代理人、患者或者其代理人共同在场的情况下，对病历共同进行确认，签封病历复制件。

开启封存病历时，应当在签封各方都在场的情况下实施。

>>> 第四节 电子病历档案及应用管理

一、电子病历的含义

《电子病历应用管理规范（试行）》对电子病历和电子病历系统的概念进行了明确。

电子病历是指医务人员在医疗活动过程中，使用信息系统生成的文字、符号、图表、数字、影像等数字化信息，形成可存储、管理、传输和重现的医疗记录。电子病历是病历的一种记录形式，包括门（急）诊病历和住院病历。

电子病历系统是指医院内部支持电子病历信息的采集、存储、访问和在线帮助，并围绕提高医疗质量、保障医疗安全、提高医疗效率而提供信息处理和智能化服务功能的计算机信息系统。

二、电子病历的产生

我国电子病历是随着医院信息系统（HIS，Hospital Information System）的不断发展而逐步建立、完善起来的。我国医院信息系统的建立可追溯到 20 世纪 90 年代初，之前医院使用的是传统的纸质病历记录系统，所有的患者信息都是以纸质形式存档的。这种系统存在信息存储不便、查找困难、易损坏等问题，给医院管理工作带来一定的困扰。

20 世纪 90 年代初，随着计算机技术的迅猛发展，我国开始出现众多面向医院信息系统建设的软件开发公司，专门开发医院信息系统软件。最初的电子病历系统只有医护人员下医嘱、医学检验检查信息传递、住院费用记账结算等简单功能，还未达到全部替代纸质病历的程度，因此处于电子病历和纸质病历双轨运行状态。

进入 21 世纪，随着网络技术的普及和医疗信息化的不断推进，医院病历管理系统日趋完善。在这个过程中，国家卫生行政管理部门制定出台了相关指导性制度、标准和规范，促进了电子病历的加快发展。2009年 12 月，卫生部（现国家卫生健康委员会）、国家中医药管理局印发《电子病历基本架构与数据标准（试行）》；2010 年 2 月，卫生部（现国家卫生健康委员会）印发《电子病历基本规范（试行）》；同年 12 月，卫生部（现国家卫生健康委员会）印发《电子病历系统功能规范（试行）》；2011 年 3 月，卫生部（现国家卫生健康委员会）印发《基于电子病历的医院信息平台建设技术解决方案（1.0 版）》。这一系列文件，将医院信息系统的框架与功能进行了统一。

在对各级各类医院开展电子病历试点的基础上，为进一步加强管理、统一标准，促进信息共享，便于医疗保险等社会机构进行区块链建设，2017 年，国家卫生计生委（现国家卫生健康委员会）、国家中医药管理局印发《电子病历应用管理规范（试行）》，2018 年国家卫生健康委员会印发《电子病历系统应用水平分级评价管理办法（试行）及评价标准（试行）》，对电子病历各方面的标准和质量要求进行了明确规定，电子病历系统在全国层面基本实现了标准统一、功能规范，可以为患者从预约挂号、门诊就诊、住院治疗到出院结算，提供全方位的医疗服务支持，基本可以替代手工纸质病历，使病历书写速度和质量显著提高，并通过整合医疗信息资源、支持医疗流程管理，实现对患者的全周期管理。

历经 20 多年的发展，随着人工智能和大数据技术的快速发展，医院信息系统正朝着智能化方向发展。从病历档案管理对象来看，其管理也呈现出逐渐深入、细化的特点。

三、对电子病历的应用与管理

（一）对电子病历系统的管理

（1）权限管理。电子病历信息系统要具备身份标识和识别技术手段，能够为操作人员提供专有的工作账户名称，并设置相应权限，以预防超越权限和管理责任不清的问题。有条件的，可使用电子签名（可靠的电子签名与手写签名具有同等的法律效力）、刷脸等技术进行身份读取认证。

（2）时间管理。系统时间一律采用北京时间，以确定病历建立、查阅、修改、完善等活动的确切时间。

（3）人员管理。医院电子病历管理系统必须配备足够的既熟悉计算机操作技术，又具备临床专业知识的工作人员，依据医院电子病历管理制度，对电子病历的创建、修改、归档等操作进行管理和溯源。

（二）对电子病历内容的管理

（1）患者身份管理。医院应当为患者建立唯一的电子病历身份标识，以确保患者的基本信息及其医疗记录的真实性、一致性、连续性、完整性。在患者首次就诊并建立电子病历后，医护人员就可以调阅其诊疗信息，了解患者的病情动态信息，助力后续诊疗。患者也可以根据需求和医院的相关规定，凭个人身份证或者病历号码，查阅自己的诊疗资料。随着互联网技术的发展和医疗大数据信息的共享，患者的身份管理为患者跨区域、到不同医院就诊提供了便利。

（2）电子病历的书写。电子病历的书写应遵循客观、真实、准确、及时、完整、规范的原则。门（急）诊病历记录内容包括门（急）诊病历首页、病历记录、化验报告、医学影像检查资料等。住院病历书写内容包括住院病历首页、入院记录、病程记录、手术同意书、麻醉同意书、输血治疗知情同意书、特殊检查（特殊治疗）同意书、病危（重）通知单、医嘱单、辅助检查报告单、体温单、医学影像检查报告、病理报告单等。

（3）电子病历的归档。在患者门（急）诊就诊结束或住院患者出院后，医护人员应及时完善电子病历内容，确认无错误、无遗漏后，适时将电子病历转为归档状态。对于电子病历归档的时间，目前尚没有统一的规定，但医院普遍执行的标准是在患者出院后 48 小时或 72 小时内，完成电子病历的整理与归档。电子病历归档后原则上不得修改，特殊情况下确需修改的，需经医院医务部门批准后进行修改并保留修改痕迹。

需要注意的是，不同医院的电子病历的发展阶段并不统一。大部分医院为了工作方便，沿用纸质病历的传统来完成电子病历，而从病历管理的角度，要把纸质病历和打印出来的电子病历合并装订归档，因此对病历实行双轨制管理。具备条件的医院可以对知情同意书、植入材料条形码等非电子化的资料进行数字化采集后纳入电子病历系统管理，原件另行妥善保存。

（4）电子病历保管期限。门（急）诊电子病历由医院保管的，保存时间自患者最后一次就诊之日起不少于 15 年；住院电子病历的保存时间自患者最后一次出院之日起不少于 30 年。

（5）电子病历的利用。一是电子病历系统应当设置医院内部管理人员和医务人员的病历查阅权限，为病历质量管理，以及开展临床技术、科学研究、教育教学等提供支持，完整呈现患者的电子病历资料。二是为患者及相关部门提供电子病历的查询和复制服务。电子病历一般只提供打印版或者复印版，并加盖医院病历管理专用章后方能生效。有条件的医院可以依法依规为患者提供医学影像检查图像、手术录像、介入操作录像等电子资料的复制服务。

（6）电子病历的封存。因特殊需要依法封存电子病历时，应当在医院或者其委托代理人、患者或者其代理人双方共同在场的情况下，对电子病历共同进行确认，进行复制后封存。封存的电子病历复制件既可以是电子版，也可以是打印的纸质版（加盖病历管理章）。封存后的电子病历原件可以继续使用。当电子病历尚未完成，需要封存时，可以对已完成的电子病历先行封存，待医务人员按照规定完成后，再对新完成的部分进行封存。

第五章
医院用血档案管理

>>> ## 第一节 医院用血管理概述

一、医院用血管理的含义

医院用血管理是一个综合性的概念,它涵盖了医院在申请调拨、储存、分配和使用血液及其制品全过程中所遵循的一系列规定、程序和操作指南。医院用血管理的首要任务是保证血液及其制品的安全性和有效性。这就要求医院严格遵守国家关于血液管理的法律法规,确保血液来自健康、合格的献血者,且在储存、运输和使用过程中不受污染。

医院用血管理作为医疗质量控制的关键环节,直接关系到患者的生命安全。在医疗过程中,输血治疗作为一种不可或缺的治疗手段,应用范围广泛且对患者的康复具有重要影响。因此,医院用血管理的重要性不容忽视,其规范性和科学性直接关系到临床治疗效果和患者的生命安全。为了确保输血治疗的顺利进行,医院用血管理需严格遵循一系列相关制度规定和技术规范,如在血液检测过程中,需要采用科学的检测方法,确保血液的质量和安全;在血液储存过程中,需要严格控制温度和时间,避免影响血液的安全性;在血液发放和输注过程中,需要仔细核对患者的信息和血液的种类、数量,确保准确无误。

血液资源是有限的，也是十分宝贵的。随着经济的发展、健康医疗需求的快速释放，以及医疗技术的发展与诊疗水平的提高，医院的用血需求也在不断增加。因此，如何科学、有效地管理血液资源已成为医院医疗管理的重要课题。医院要加强与血液中心的合作，精准对接临床需求，科学制订用血储备和使用计划。通过建立健全用血质量管理体系，提高血液利用效率，降低医疗成本，使患者能够得到及时治疗，提高医疗效果和质量，从而提高医院的整体管理水平。

二、医院用血管理的目的

医院用血管理是一项至关重要的任务，主要目的体现在以下几个方面。

（一）保障患者输血安全与医疗质量

血液是临床救治中不可或缺的资源，科学合理的用血管理，能够确保患者在需要输血时得到及时、安全、有效的血液供应。通过严格的输血适应证管理和患者输血前的必要性、风险性评估，可以避免不必要的输血，降低输血反应和输血相关性疾病发生的风险，从而保障患者的生命安全。

（二）提高血液资源的利用效率

血液资源是有限的、宝贵的，血液及其制品的数量相对紧张，目前还不能充分满足临床需求，因此存在一定的供需矛盾。通过科学的用血管理，可以合理调配血液资源，避免浪费。通过对输血过程的严格监控和评估，可及时发现并解决输血过程中遇到的问题，提升血液资源的利用效率。

（三）推动输血技术的创新与进步

随着医学技术的不断发展，输血技术也在不断更新和完善，科学的用血管理能够推动输血技术的创新与进步。通过引进和应用新技术、新方法，可以进一步提升输血安全性，降低输血风险，为患者提供更加安全、有效的输血服务。

（四）促进医院管理的规范化与标准化

科学的用血管理要求医院建立和完善血液和输血管理制度及标准化流程，明确用血管理各个环节的职责和要求，确保患者安全及输血效果，促进医疗水平的提升，从而推动医院整体管理水平的提升。

（五）提升医务人员职业素养与责任意识

用血管理制度规范要求广大医务人员具备高度的职业素养和责任意识，坚持"患者安全第一、临床疗效第一"的原则，严格遵守输血适应证和输血操作规程，确保输血工作安全有效。通过加强用血管理知识培训和考核，增强其责任意识和安全意识。

（六）维护社会稳定与和谐

如何科学、合理地对有限的血液资源进行调配和使用，对于建立和谐的医患关系具有重要意义。通过科学的用血管理制度建设，确保血液资源的公平分配和有效利用，可以有效避免和化解因血液资源短缺或浪费而引发的社会矛盾。

因此，医院应高度重视用血管理工作，不断完善相关制度和流程，提高输血服务的水平、质量和效率，促进医疗事业的健康发展。

三、医院用血管理制度

在临床用血管理过程中，应明确用血原则，制定具体的用血指南。这些原则应包括用血的适应证、禁忌证和用量标准等，以确保用血的科学性和合理性。

（一）临床输血规范

临床医务人员在执行输血治疗时，必须严格遵守《临床输血技术规范》的规定。这一规范明确了输血治疗的适应证、禁忌证及相关操作流程和要求。医务人员应严格执行临床用血原则，积极推行成分输血，提升输血治疗效果和安全性。

（二）输血申请与审批

在申请输血治疗时，临床医务人员需详细填写输血申请单，明确标注输血适应证，并经上级医师核准签名后报输血科备血。这一流程旨在确保输血治疗的合理性和必要性，避免不必要的浪费和潜在的风险。

（三）输血前知情告知

在患者接受输血治疗前，医务人员应详细告知患者及家属输血的目的、风险及可能的不适反应，让患者充分了解输血治疗的相关情况，自主决定是否接受输血治疗，并签署知情同意书。

（四）输血过程管理

在输血过程中，医务人员应严格执行核对手续。输血前，需双人核对患者的信息、血型及交叉配血结果等关键信息；输血过程中，需密切观察患者的反应和病情变化，及时发现并处理可能存在的问题；输血后，应详细记录输血情况，包括输血种类、数量、速度及患者的反应等，及时总结经验教训，提高输血治疗的水平。

（五）教育培训制度

医院应建立输血专业知识和用血管理知识培训制度，使临床医务人员全面掌握输血相关政策和法律法规，熟悉常用的血液成分制剂及输血原则等基础知识，提高其对输血风险的认知和防范能力，确保临床用血的安全性和有效性，提升患者满意度。

>>> 第二节　医院用血档案管理的主要内容

医院用血档案是医院在血液管理和使用过程中形成的重要记录文件，它涵盖了与输血相关的各种信息，对于保障输血安全、提高输血效率及进行医疗质量管理具有重要意义。

一、医院用血档案管理的意义

医院用血档案管理是确保血液及其制品安全性和有效性的关键环节，意义深远，不仅关乎医疗安全与质量，还涉及法律合规、患者权益保护及医疗服务的持续改进。

（一）确保输血安全与质量

用血档案管理是确保输血过程安全与质量的关键环节。通过详细记录血液来源信息、血液检测结果、输血指征、输血反应等关键信息，医院能够全面了解和评估输血操作的风险，从而采取必要的预防措施。此外，用血档案还有助于追踪血液的来源、储存、运输和使用过程，确保血液的安全性和有效性。

（二）支持医院用血行为法律合规与责任追溯

医院用血档案管理应符合国家和地方关于血液管理的法律法规要求。通过建立完善的用血档案，医院能够证明其在用血过程中遵循了相关法律法规和操作流程，从而避免法律风险。同时，在出现用血纠纷或医疗事故时，用血档案可作为法律证据，明确责任归属，保护医院的合法权益。

（三）保障患者医疗权益及提升患者满意度

用血档案记录了患者的输血过程、输血反应及处理措施等关键信息，有助于医院全面了解患者的用血需求和健康状况，从而更好地为患者提供个性化、安全的用血服务，提升患者的满意度和信任度。同时，在出现纠纷时，用血档案能够提供详细的记录，有助于解决争议。

（四）促进医院医疗质量和管理水平持续改进

用血档案中的大量数据为血液学研究提供了宝贵的资源。通过对用血过程中的信息进行收集和分析，医院能够全面评估用血操作的效果，优化用血策略。科研人员可以基于用血档案数据开展流行病学研究，分析血液传播疾病的风险因素，为制定防控策略提供依据。同时，用血档案还有助于促进医院的规范化管理，提升医院的整体管理水平。

（五）作为教育与培训资源

用血档案可作为教育与培训资源，帮助医护人员了解用血的操作过程、注意事项及潜在风险。通过学习和分析用血档案中的典型案例，医护人员能够提升用血技能和知识水平，提高用血操作的安全性和有效性。

综上所述，医院用血档案管理在确保用血安全与质量、法律合规与责任追溯、患者权益保护与满意度提升、医疗质量持续改进，以及教育与培训资源等方面具有重要意义。医院应建立完善的用血档案管理制度，加强对用血档案管理人员的培训和教育，提高档案管理的质量和水平，确保用血过程的安全、高效与合规。

二、医院用血档案管理中存在的问题和挑战

从医院用血档案管理的实践来看，医院用血档案管理面临着一系列问题和挑战，这不仅会影响医院的用血安全与质量，还会影响患者的权益和医疗服务的持续改进。

（一）内部管理因素是用血档案管理中的基础性问题

有些医院对用血档案管理的重要性认识不足，制度严重缺失或执行力度不够，缺少既懂用血专业知识又懂档案管理知识的专业人员，导致用血档案收集、分类、保管、使用等工作不规范，直接影响了用血档案

管理的效率和质量。

（二）技术发展因素是影响用血档案管理的重要因素

信息技术已广泛应用于医院用血档案管理，但有些医院不够重视，没有及时运用新技术进行用血档案管理，还停留在传统的管理方式上，导致用血档案的管理效率和使用效果较差。

（三）法律法规因素对用血档案管理具有重要影响

近年来，国家有关部门出台了不少关于血液和用血管理的法律法规，有些医院未能及时组织医务人员和档案管理人员进行系统学习，导致用血档案管理不符合相关规定。

（四）外部社会因素对用血档案管理提出了严峻要求

用血档案记载了患者和相关人员的隐私信息，对社会安全稳定具有很大影响。因此，医院应加强对用血档案管理的监管力度，确保用血档案管理的安全性和保密性。

总之，随着医疗技术的不断发展，用血档案管理的重要性日益凸显。通过加强医院用血档案的管理，医院可以更好地调配血液资源，满足临床用血需求。

三、医院用血档案管理组织体系

医院用血档案管理组织体系是确保临床用血安全、有效及合规性的重要保障。

（一）输血管理委员会

作为医院临床用血管理的核心机构，输血管理委员会由医院分管领导、医疗主管部门主要负责人、临床科室医护专家等组成。医院输血管理委员会负责全院临床用血的规范管理和技术指导，监督、检查和指导临床科室的用血工作，确保用血治疗的安全、有效和合理。当然，医院输血管理委员会也是医院用血档案管理的专门领导机构，对医院用血档案管理负有工作组织协调和督导检查责任。

（二）输血科

输血科在临床用血档案管理中扮演着至关重要的角色，其担负着申报临床用血计划，血液及其制品保管、保障供应临床用血需求等职责。同时，输血科还负责定期检查记录临床用血制度的执行情况，参与用血相关的疾病诊断、治疗和科研工作，为临床提供技术支持和指导等。因此，输血科是用血管理全周期的具体管理部门，也是用血档案的主要产生和管理部门。

（三）临床科室

临床科室在使用血液过程中，记录和留存了患者用血过程中的相关资料。科室负责人要重视用血档案管理，除了将使用血液的过程完整地记录于患者病历中，还要指定具体人员填报、复制有关资料，配合输血科进行用血档案收集管理工作。

（四）档案科（室）

医院档案科（室）是医院档案信息管理的主管部门，要统筹协调、指导培训与用血有关的科室人员，按照《中华人民共和国档案法》《中华人民共和国献血法》等相关法律的要求，做好用血档案的收集、分类、保管、使用等工作。

四、医院用血档案管理的基本内容与保管期限

用血档案管理的内容涵盖了与血液使用相关的各个环节，确保用血过程的安全、有效和可追溯。

（一）血液入库档案

记录每次入库血液的详细信息，包括血液编号、血型、采集日期、有效期、储存条件等；入库血液的质量检测报告，如血液成分分析、病毒检测等。

（二）血液发放档案

记录每次发放血液的详细信息，包括发放日期、接收科室、患者姓名、血型、用血量等，以及发放血液的审批手续和输血申请单。

（三）临床输血档案

主要包括患者的输血记录，如输血日期、输血前患者状态、输血成分、输血量、输血速度、输血过程观察记录；还包括输血反应记录，如输血反应发生的时间、症状、处理措施和结果。

（四）血液报废档案

记录报废血液的详细信息，包括报废日期、报废原因（如过期、破损、污染）、处理措施等。

（五）输血教育培训档案

记录医务人员参加输血相关培训的情况，包括培训时间、地点、内容、考核结果等。

（六）输血质量管理档案

记录输血科室的质量管理活动，包括输血质量检查、输血不良反应分析、输血质量改进措施，以及血液质量检测的时间、项目、结果、分析评价以及后续处理措施。

（七）输血设备与耗材使用记录

指血库设备、试剂、耗材的采购、使用、维护记录，包括设备的使用时间、状态、维护记录，试剂和耗材的出入库记录、使用部位及数量等。

（八）制度法规与标准流程

包括国家用血管理相关法律法规、技术操作规程、应急预案，以及医院用血管理的制度、流程等文件资料。

对于用血档案的保存期限，根据《血站管理办法》和《医院临床用血管理办法》，用血入库登记资料、输血记录等关键档案需至少保存10年。

五、医院用血档案管理的原则

医院用血档案管理是确保用血安全、提升医疗服务质量的重要工作。因此，医院用血档案管理既要遵循档案管理的一般原则和要求，又要结合医院用血档案的特点，进行标准化、规范化管理，坚持以下原则。

（一）完整性原则

在管理和保存用血档案时，要确保必要的信息都被全面、系统地收集和记录，不遗漏任何关键细节，并按照规定的格式和标准进行整理，便于查阅和追溯。这一原则对于保障患者安全、提高医疗质量，以及处理可能发生的医疗纠纷具有重要意义。

（二）准确性原则

用血档案中的信息必须基于事实，确保所有信息都是真实、准确、无误的，能够真实反映用血过程及其结果，不得虚构或篡改。这一原则对于保障医疗质量、确保患者安全及维护医疗记录的公信力至关重要。

（三）保密性原则

用血档案涉及患者隐私，因此必须严格遵守相关法律法规和要求，确保患者个人信息的保密性，防止信息泄露或被不当使用。这一原则对于保护患者隐私权、维护医疗秩序及提升医院公信力至关重要。

（四）可追溯性原则

所有与用血相关的活动、操作、决策以及结果等信息都应被详细、准确地记录，并能够通过这些记录追溯到原始数据或事件。这一原则对于保障患者安全、提高医疗质量、处理医疗纠纷及支持科研和教学等具有重要意义。

总之，随着卫生事业的发展和医院管理现代化水平的提升，医院用血档案管理的重要性愈发凸显。医院要强化用血档案管理组织体系和制度建设，推进用血档案管理规范化、标准化，不断提高用血档案管理水平和质量，充分发挥其在服务临床和患者健康保障中的作用。

第六章

医院科研档案管理

>>> 第一节　医院科研档案管理概述

一、医院科研档案的定义与特点

医院科研档案是医院医务人员在科学研究过程中形成的各种文字、图表、数据、声像等原始记录，是科研成果的重要载体。这些记录涵盖了科研项目从立项、实施到结题，再到成果应用与转化的全过程，具有较高的学术价值，见证了医院在医学领域的卓越贡献，是医院持续发展和创新的基石。

科研档案的特点主要体现在以下几个方面。

（1）专业性。科研档案是医院在特定医学领域进行科研活动的直接记录，具有鲜明的专业特色。科研档案反映了医院在特定技术领域的实力水平，为医院未来的科研发展提供了坚实的基础。

（2）多样化。科研档案形式多样，包括文字、图表、数据、声像等。这些形式多样化的科研档案记录了科研过程中的丰富信息，为科研人员提供了全面的历史记录。

（3）知识性。科研档案是医院科研成果的载体，记录了医院在医学领域的知识积累和创新成果。这些成果为医院赢得了学术声誉，为临床实践提供了有力的理论支持。

（4）保密性。科研档案中的部分信息具有敏感性，需要严格控制其传播范围。这就要求档案管理部门建立完善的保密制度，确保档案的安全性和保密性。

针对科研档案的特点，医院需要对其特别关注和精心管理。通过建立完善的档案管理体系，确保科研档案的完整性和准确性；通过加强档案管理的信息化和智能化水平，提高档案管理的效率和质量；通过强化档案管理的监督和指导力度，确保档案管理的规范化和标准化。

二、医院科研档案的重要性

科研档案在医学领域具有举足轻重的地位，其重要性体现在促进医学发展、提高医院竞争力及保障医患权益等方面。

（1）促进医学发展。科研档案是医学知识积累和传播的重要载体，记录了医学科学研究的过程和成果。这些记录对于理解医学现象、揭示医学规律具有至关重要的作用。通过科研档案的分享和交流，医学知识和经验得以在更广泛的范围内得到传播和应用，从而推动医学科学的不断发展。科研档案对于培养医学人才、提升医学教育质量具有重要意义。

（2）提高医院竞争力。科研档案反映了医院的科研水平和实力，是医院评估、评审和竞争的重要依据。在医疗市场竞争日益激烈的背景下，医院需要不断提升自身的科研实力，以服务更多的患者。科研档案作为衡量医院科研实力的重要指标，对于提升医院的竞争力具有关键作用。通过加强科研档案管理，医院可以更有效地整合资源、优化流程，提高科研效率和质量。

（3）保障医患权益。科研档案中包含了大量关于疾病诊断、治疗和预防的信息，是保障医患权益的重要手段。通过对科研档案的共享和分析，医务人员可以更加准确地诊断疾病、制定治疗方案，提高医疗服务质量。科研档案还可以为医患双方提供更加全面的医疗信息和建议，帮助患者更好地了解自己的病情和治疗方案，提高治疗效果和患者满意度。

三、医院科研档案的管理原则

在医院科研档案的管理过程中，其管理原则的制定和执行是确保档案完整性、准确性和一致性的关键。

（1）标准化原则。遵循国家及卫生行业相关的档案管理制度和规范，是确保医院科研档案管理标准化的基础。通过制定统一的档案编号、分类、归档等标准，确保科研档案的完整性、准确性和一致性，有助于提升科研档案管理的效率，便于后续的数据分析和利用。标准化原则要求档案管理人员在收集、整理、保存和利用科研档案时，必须遵循既定的标准和规范，确保科研档案的质量和准确性。

（2）专业化原则。医院科研档案的专业性较强，需要配备既熟悉档案管理又有医学基础知识和科研实践经历的专业档案管理人员，采用专业的科研档案管理方法和技术进行管理。专业化原则要求档案管理人员不断提升自身的专业素养和管理能力，确保档案管理的专业化和规范化，通过采用先进的档案管理技术和工具，如电子化档案管理系统、数据存储设备，实现对科研档案的高效、准确管理。

（3）信息化原则。利用现代信息技术手段，实现医院科研档案的信息化管理和共享，这可以大大提高科研档案管理的效率和便利性。通过引入大数据、人工智能等先进技术，对科研档案进行深度挖掘和分析，为医院科研工作的开展提供有力的数据支持。

四、医院科研档案的类型与数量

医院科研档案作为医院科研工作的宝贵财富，其类型与数量反映了医院的科研实力和发展历程。医院科研档案主要包括科研项目档案、科研成果档案、学术文献档案等类型。这些档案记录了医院在医疗、教学、科研等方面的成果，是医院发展的重要见证。

（1）科研项目档案是医院科研活动中形成的宝贵资料，涵盖了科研项目的研究背景、目的、方法、结果等关键信息。这些档案通常包括项目计划书、项目合同书、项目任务书等文件，以及项目研究过程中的实验记录、数据分析报告等。科研项目档案的形成，标志着医院在科研领域取得了实质性的进展。

（2）科研成果档案是医院科研活动的成果体现，记录了医院在科研领域获得的荣誉、奖项和成果。这些档案通常包括科研成果登记表、科研成果报告书、科研成果验收意见书等文件，以及相关的论文、专利、著作权等。科研成果档案的形成，展示了医院在科研领域的创新能力和实力。

（3）学术文献档案是医院科研人员在日常工作中形成的文献资料，涵盖了国内外最新的医学研究成果、学术动态和前沿理论。这些档案通常包括学术期刊、书籍、会议论文等，以及相关的电子数据库和网络资源。学术文献档案的形成，为医院科研人员提供了丰富的学术资源和参考依据。

医院科研档案的数量，因医院规模、科研水平、学科特色等因素而异。一般来说，大型医院的科研档案数量较多，因为大型医院在科研方面投入较多，拥有较强的科研团队和丰富的科研项目。而小型医院的科研档案数量相对较少，科研活动相对不活跃。但无论数量多少，医院科研档案都是医院科研工作的重要组成部分，都是医院不断发展和进步的重要见证。

五、医院科研档案的管理方式

医院科研档案管理是医院管理工作的重要组成部分。目前，医院科研档案的管理方式主要包括人工管理和信息化管理两种。

（1）人工管理。人工管理是指科研档案从收集、整理到分类和保存的各个环节都依赖人工操作。这种管理方式能够确保档案的完整性和准确性，但存在收集不全、整理不规范、查询利用不方便等问题。在收集阶段，人工操作的局限性容易导致部分重要资料被遗漏或丢失。在整理阶段，缺乏统一的整理标准和规范容易导致科研档案出现混乱、遗失或重复存储的情况。在查询和利用阶段，人工管理往往效率低下，难以满足现代科研工作的需求。

（2）信息化管理。信息化管理是指通过信息系统对科研档案进行收集、整理、查询和利用。这种方式能够显著提高档案管理的效率和准确性，但也存在信息系统不完善、信息录入不准确、信息安全有风险等问题。在信息系统完善方面，部分医院的信息系统可能过于简单，无法实现对科研档案的有效管理。在信息录入方面，由于录入人员的专业素养和责任心方面的差异，可能出现录入的信息存在错误或遗漏的问题。在信息安全方面，信息化管理方式存在数据泄露、信息篡改等潜在风险，需要采取加密、权限控制等安全措施来确保数据的安全性和保密性。

综上所述，医院科研档案作为医院科研活动的记载，要充分发挥好为管理人员和医务人员提供全面、准确、及时的个性化、专业化档案管理服务的职能。为此，档案管理部门要系统地收集、整理并归档科研资料，同时能够提供完善的检索工具，方便快速获取所需信息。同时，还应定期更新和完善档案资料，以确保信息的时效性和准确性。

>>> 第二节　医院科研档案的收集与整理

对医院科研档案的科学管理是确保其科研资料安全可靠，保证科研活动顺利进行和成果转化的关键环节。为确保医院科研资料的完整性和准确性，必须建立科学的档案管理制度，并采取一系列严格的管理措施。

一、科研档案的收集

科研档案的收集，首先要明确其收集范围，涵盖各类科研项目档案、成果档案、学术档案等，这些档案记录了科研活动的全过程，是评估科研价值、促进成果转化的重要依据。其次，要关注与这些档案相关的各类文件、资料、数据等，待科研项目结束后，档案管理部门要督促科研团队，及时收集并整理研究过程中产生的各类文件资料，包括但不限于研究计划、实验记录、数据报告、论文稿件、会议记录、审批文件等，确保所有重要信息的完整性和准确性。具体而言，主要包括以下几个方面。

（一）项目立项文件

（1）项目申请书及附件。这包括项目的研究背景、目的、意义、研究内容、方法、预期成果等。

（2）项目审批文件。如立项通知书、项目任务书或合同书，以及相关的审批意见和会议纪要。

（3）项目预算及经费来源证明。详细列出项目预算分配、经费来源渠道及证明材料。

（二）研究过程文件

（1）实验记录。实验记录详细记录了实验设计、操作步骤、观察结果和数据分析等，这是科研过程的核心记录。

（2）调查问卷、访谈记录。这包括问卷设计、样本选择、访谈过程及结果的记录。

（3）数据收集与处理文件。这包括原始数据记录、数据清洗与处理过程、统计分析资料等。

（4）研究进展报告。这包括定期提交的项目进展报告、总结阶段性研究成果和遇到的问题。

（三）研究成果文件

（1）学术论文、著作。这包括发表的论文全文、专著或其中的重要章节，以及期刊封面、目录、正文及版权页。

（2）专利及知识产权文件。这包括专利申请材料、授权证书、软件著作权登记证书等。

（3）研究报告。这包括项目结题报告、技术报告、政策建议书等，详细阐述研究成果及其应用前景。

（四）项目管理与协作文件

（1）项目组成员名单及分工。

（2）会议记录与合作协议。这包括项目内部会议记录、外部合作机构的合作协议及往来信函。

（3）伦理审查文件。涉及人体或动物实验的项目，需提交伦理审查委员会的批准文件。

（五）财务与审计文件

主要指项目经费使用明细。其详细记录项目经费的支出情况，包括人员费、设备费、材料费等。有条件的还可以收集项目结题时由第三方审计机构出具的审计报告，体现经费使用的合规性。

（六）其他辅助材料

（1）宣传材料。这包括项目宣传册、海报、新闻稿等，用于展示项目成果和影响力。

（2）实物样品或模型。对于需要实物展示的研究成果，如新型材料、装置模型，需提供实物样品或模型。

（3）获奖证书及荣誉证明。这包括项目或成果获得的奖项、荣誉证书等。

归档时，应确保文件材料的真实性、完整性和系统性，同时按照档案管理的要求进行分类、编号和装订，以便于后续的检索和利用。此外，随着数字化时代的到来，电子档案的归档和管理也日益重要，因此需建立相应的电子档案管理系统。

在医院科研档案的收集方式上，可以多种方式相结合，如定期收集、定向收集及应急收集，以确保科研档案的完整性、及时性和准确性。定期收集能够确保及时获取最新的科研成果；定向收集则能够针对特定领域或课题进行深入研究；应急收集则能够在突发事件发生时，迅速做出响应，保护科研成果的安全。

二、科研档案的整理

在医院科研档案的整理过程中，需根据科研档案的内容、类型、性质、时间等特征，采取恰当的方法对其进行分类、编目、排序等。分类是整理的基础，通过分类可以将具有相似特征的档案归为一类，便于后续的管理和利用。编目则是为档案赋予唯一的识别码，便于后续检索、管理及查找和利用。排序则是根据某种规则或标准，对档案进行排序，确保档案的完整性和可读性。

（一）分类原则和方法

（1）科学性。分类应基于科研活动的特点和规律，反映科研档案的本质属性和内在联系。

（2）实用性。分类应便于档案的查找和利用，满足科研人员的实际需求。

（3）稳定性。分类应具有相对稳定性，避免因频繁变动而导致管理混乱。

在分类方法上，医院科研档案的分类常用以下几种方法。

（1）按项目分类。根据科研项目的不同，将档案分为不同的项目类别，如基础研究项目、应用研究项目、开发研究项目。

（2）按内容分类。根据档案内容的不同，将档案分为不同的内容类别，如实验记录、数据报告、论文稿件、会议记录、审批文件。

（3）按时间分类。按照档案形成的时间顺序，将档案分为不同的时间段，如立项阶段、研究阶段、结题阶段。

（4）按形式分类。根据档案的物理形态，将档案分为纸质档案、电子档案、实物档案。

（二）编目体系

（1）档案编号。为每份档案分配唯一的编号，便于检索和管理。编号通常由项目代码、档案类型代码、顺序号等组成。

（2）档案标题。档案标题要简明扼要地概括档案的内容，便于理解和查找。标题应包含项目名称、档案类型、关键信息等。

（3）档案摘要。档案摘要是对档案内容进行的简要描述，包括研究目的、方法、结果、结论等关键信息，是科研人员快速了解档案内容的途径。

（4）档案目录。按照分类体系，编制档案目录，列出各类档案的编号、标题、摘要等信息，便于检索和查阅。

（5）关键词索引。提取档案中的关键词，建立关键词索引，提高检索效率。

（三）排序原则和方式

科研档案的排序是指按照一定的规则和标准，对已经分类、编目的科研档案进行有序排列的过程。合理的排序不仅可以提高档案检索的效率，还能确保档案管理、利用的系统性和连贯性。

1. 排序原则

医院科研档案的排序原则有以下几点。

（1）逻辑性原则。排序应反映科研档案之间的逻辑关系，如时间顺序、项目阶段、重要性。

（2）易用性原则。排序应便于科研人员和档案管理人员快速定位所需档案，提高利用效率。

（3）一致性原则。排序规则应保持一致，避免在同一分类体系内出现不同的排序标准。

（4）可扩展性原则。排序体系应具有可扩展性，以适应未来科研档案的类型和数量增加的情况。

2. 排序方式

在医院科研档案的排序方法上，常用以下几种方式。

（1）按时间排序。按照科研档案形成的时间顺序进行排序，如按照从立项到结题的全过程排序，或者按年份、季度、月份等时间单位进行排序。

（2）按项目阶段排序。根据科研项目的不同阶段，如立项阶段、研究阶段、结题阶段等，对档案进行排序。

（3）按重要性排序。根据档案的重要性程度进行排序，将关键性、核心性的档案置于前列，便于优先查阅。

（4）按字母或数字排序。对于以名称、编号等为主要标识的档案，可以按照字母或数字顺序进行排序。

（5）混合排序。结合多种排序方法，如先按项目分类，再按时间顺序或重要性排序，以实现更精细化的管理。

>>> 第三节 医院科研档案的归档、保管与利用

一、科研档案的归档

科学、规范的归档管理对于确保科研档案的完整性、安全性和可追溯性至关重要。应将具有保存价值的科研档案按照一定的规则进行归档，这一步骤包括确定归档范围、进行审核鉴定、编制归档目录等。医院科研档案的归档范围应涵盖科研项目在立项论证、研究实施及过程管理、结题验收及绩效评价、成果管理等全过程中形成的文件和材料。

（1）完整性。确保科研档案内容的完整性，不遗漏任何重要文件或数据。

（2）准确性。归档的科研档案应真实反映科研活动的实际情况，数据应准确无误。

（3）系统性。科研档案应按照一定的逻辑顺序和分类体系进行归档，便于后续检索和利用。

在归档程序和步骤上，在科研档案归档前，应先由科研管理部门或专家小组对科研档案进行审核，确认其真实性、完整性和合规性。对于

涉及患者个人隐私、重要研究数据等敏感信息，需进行特殊处理或脱敏处理。

经过审核的科研档案，要正式移送医院档案管理部门进行分类和编号。归档时，应填写归档清单，明确档案内容、数量、归档时间等信息，并编制归档目录，包括纸质目录和电子目录，详细记录档案的名称、作者、日期等信息，以便后续查找和使用。同时，将科研档案目录录入档案管理系统，实现科研档案的电子化管理。另外，需定期对档案进行分类、编目和整理，确保档案的完整性和准确性。

二、科研档案的保管

做好科研档案的保管工作，对于保障科研成果的真实性、完整性和可追溯性具有重要意义。其保管原则有以下几个方面。

（1）安全性原则。为科研档案设置专门的保管场所，采取必要的物理和技术措施，确保保管环境干燥、通风、防火、防潮、防虫。防止科研档案遭受损坏、丢失或篡改。定期对科研档案进行检查和整理，及时发现并修复损坏的档案，确保科研档案的长期保存。

（2）可访问性原则。建立科研档案的归档日志和检索系统，便于科研人员和其他相关人员查阅和利用，同时要确保科研档案的来源、去向和使用情况可追溯。

（3）保密性原则。对于涉及患者个人隐私、重要研究数据等敏感信息等的科研档案，应严格遵守保密规定，防止泄露。

对于保管期限到期的科研档案，应组织专家进行鉴定，借助专家的专业知识和专业技能对档案进行深入分析，确保科研档案的专业性和学术价值。根据鉴定结果，决定将其继续保管或销毁。

三、科研档案的利用

医院科研档案是医院科研活动的真实记录，包含丰富的科研信息和临床经验。有效利用这些科研档案，对于提升医院科研水平、促进医疗技术创新、增强医疗服务能力具有重要意义。

（一）科研档案利用的意义

（1）促进科研创新。科研档案记录了以往的研究成果和经验，为科研人员提供了宝贵的参考信息，避免重复劳动，加快科研进程。

（2）提升医疗质量。通过分析科研档案中的临床数据和研究结果，医务人员可以不断优化治疗方案，提高疾病的诊断率和治愈率。

（3）支持学术交流与合作。科研档案是学术交流的重要资源，有助于建立科研合作网络，推动医学领域的知识共享和技术进步。

（4）保障科研诚信。科研档案的完整保存和合理利用，有助于证明科研成果的真实性和原创性，维护科研诚信体系。

（二）科研档案利用的方式

（1）内部查阅。医院科研人员可通过医院内部的档案管理系统，便捷地查阅相关科研档案，获取所需的研究资料。

（2）数据分析和挖掘。利用现代信息技术，对科研档案中的数据进行深度分析和挖掘，发现新的科研线索和研究趋势。

（3）学术交流与分享。在学术会议、研讨会等场合，分享科研档案中的研究成果和经验教训，促进学术交流与合作。

（4）支持科研项目申报。在申报新的科研项目时，科研档案可作为前期的研究基础和成果证明，提高项目申报的成功率。

（5）科研成果转化。通过分析和利用科研档案，发现具有临床应用价值的科研成果，推动其向临床转化，造福患者。

（三）科研档案利用的保障措施

（1）建立健全科研档案管理制度。明确档案利用的流程、权限和责任，确保档案的安全和合规利用。

（2）加强信息化建设。推进科研档案的数字化、网络化建设，提高科研档案的检索效率和使用便利性。

（3）开展培训与教育。定期对科研人员和档案管理人员进行科研档案管理与利用方面的培训，提高其档案管理意识和利用能力。

（4）强化知识产权保护。在科研档案利用过程中，严格遵守知识产权保护法律法规，保护科研成果的合法权益。

在科研档案利用方面，要根据需求，提供多样化的利用方式。借阅传统的纸质档案存在诸多不便，如借阅手续烦琐、易丢失。而电子化存储方式则能够极大地提高档案管理的效率和准确性。为提高科研档案的利用率和使用满意度，还需要对其利用效果进行跟踪和评估，以便对现有的科研档案管理制度和方式进行持续改进和优化。

第七章

医院教学档案管理

>>> **第一节 医院教学档案管理概述**

医院教学档案是指医院在教学活动过程中形成的，具有保存价值的文字、图表、声像等不同形式的历史记录，是对医院教学活动的真实记录，是评估教学质量、改进教学方法的重要依据。医院教学档案不仅为医院的教学工作提供了历史依据和参考资料，有助于总结教学经验、改进教学方法、提高教学质量，而且对医院的学科建设、人才培养及医学教育事业的发展具有重要的意义。

一、医院教学档案的基本内容

医院教学档案是指记载和反映医院教学实践、教学研究、教学管理活动，具有保存价值的教学文件材料，内容涵盖了教学活动的各个环节，从教学计划的制订到教学工作完成，都有相应的工作记录。

（1）教学文件资料。教学文件资料包括上级教育主管部门及医院相关教学工作的文件、规定、通知等，是教学工作开展的依据和指导方针。

（2）教学计划与大纲。教学计划与大纲涵盖医院各类教学活动的计划，如实习、进修、培训计划，以及各专业、各课程的教学大纲。

（3）教学教案与讲稿、课件。教学教案是为实施课堂教学而编写的具体教学方案，讲稿和课件则是用来辅助教学的文字和多媒体资料。教学教案与讲稿、课件是教学质量的重要保证。

（4）学生成绩与考核资料。这包括学生在医院学习期间的各类考试成绩、考核记录、技能测评结果等，是对学生学习效果的客观反映。

（5）教学评估与反馈材料。这包括用于评估和改进教学质量的教学检查记录、教学质量评估报告等，如学生对教学的评价、教师之间的互评、教学督导的检查报告，有助于不断改进教学工作。

（6）师资队伍建设资料。师资队伍建设资料记录教师的基本信息、教学培训经历、教学成果、教学研究论文等，为师资培养和管理提供依据。

二、医院教学档案的重要性

医院教学档案作为医院教学管理的重要内容，记录了教学的全过程，是评估教学质量的重要依据，其重要性表现在以下几个方面。

（1）有利于规范教学管理。医院教学档案为教学活动的顺利开展提供了全面、准确的信息支持，可以规范医院的教学活动，确保教学工作有序进行。

（2）教学质量评估的依据。医院教学档案记录了教学过程和学生的学习成果，可以为教学质量评估提供重要依据。通过对教学档案的分析，可以客观准确地评价教学效果和教学质量，发现教学中存在的问题，从而推动教学质量的提升。

（3）医院教学成果的展示。医院教学档案蕴含着医院的教学理念、教学方法和教学经验等，是医院教学文化的重要组成部分，集中反映了医院在教学方面的工作成果和特色，是医院综合实力的重要体现，有助于提升医院的知名度和影响力。

（4）医学教育研究的素材。医院教学档案中积累了大量的教学实践数据，如教学案例、教学改革尝试、学生学习情况，这些都是教学研究的宝贵素材。通过对这些素材的分析和研究，可以探索医学教学规律，发现新的教学方法和手段，推动教学改革与创新。

（5）记录学生的成长经历。医院教学档案记录了学生在医院学习期间的各项表现，包括学习成绩、实践操作能力、科研成果等。这些记录是学生成长的重要见证，有助于全面评价学生的综合素质，为学生的毕业、就业及进一步深造提供参考。

三、医院教学档案的管理原则

为规范医院教学档案的管理，提高档案质量，确保档案的完整性和安全性，充分发挥医院教学档案在教学管理、教学活动及教学研究中的重要作用，医院教学档案管理应遵循以下原则。

（1）真实性原则。医院教学档案应真实反映医院教学活动的全过程，包括教学计划、教学实施、教学评价等各个环节的实际情况。档案内容要如实记录，不得随意篡改或伪造，确保档案信息的可信度和权威性，为教学管理和决策提供准确依据。

（2）完整性原则。医院教学档案应涵盖教学活动的各个环节，从教学准备、课堂教学、实践教学、教学考核到教学研究等相关资料都应纳入档案管理范畴，保证档案资料的完整性，形成一个有机的整体，全面展现医院教学工作的全貌。

（3）规范性原则。建立统一的档案管理规范和标准，对医院教学档案的分类、编号、整理、装订、保管和利用等各个环节进行明确规定，使医院教学档案管理工作有章可循、规范有序，提高档案管理的质量和效率，便于档案的长期保存和有效利用。

（4）动态性原则。教学活动是一个不断发展和变化的过程，医院教学档案也应随着教学工作的推进而及时更新和补充。及时收集和整理新的教学资料，反映教学改革、教学成果及教学过程中的新情况、新问题，使医院教学档案能够动态地反映医院教学工作的发展历程和现状。

（5）实用性原则。管理医院教学档案的目的是满足医院教学管理、教学研究、教师教学改进及学生学业评价等活动的实际需要。因此，医院教学档案管理应注重实用性，便于档案的检索、查阅和利用，能够及时为各类教学活动提供有效的信息支持。

（6）保密性原则。医院教学档案可能涉及学生个人信息及一些敏感信息，需要遵循保密制度，严格规范对医院教学档案的查阅和使用。

>>> 第二节　医院教学档案管理实施

医院教学档案管理实施是一项系统性工程，需围绕管理目标，整合医院教学、档案、信息等多部门资源，分阶段推进各项工作。

一、医院教学档案管理组织

完善的领导体系是医院教学档案管理的有效保证，一般来说，医院对教学档案管理实行三级管理组织体系。

一级是领导小组，由分管教学的副院长任组长，成员包括教学管理部门、档案管理部门、信息技术部门、临床科室（教研室）负责人，统筹协调全局工作，审定管理政策与资源配置。

二级是执行小组，由教学管理部门与档案管理部门骨干组成，负责制定操作细则、流程培训，以及日常监督及问题处理工作。

三级是基层联络员，各临床科室、教研室、教学小组指定兼职档案员，负责实时收集、初审本部门教学材料，确保源头材料完整规范。

二、医院教学档案管理制度

要遵从医院教学工作的规律和特点，对医院教学档案进行全周期管理，以确保教学档案的完整性、及时性和安全性。

（一）教学档案收集

1.收集范围

（1）教学管理类。这类教学档案包括教学工作计划、总结，教学管理制度、规定，教学会议记录，教学评估材料，教学质量监控报告等。

（2）教学实施类。这类教学档案包括教学大纲、教学日历、教案、课件、讲义，学生考勤记录、课堂表现记录，实验、实习指导材料，课程考核试卷、成绩登记表，毕业论文（设计）资料等。

（3）教师管理类。这类教学档案包括教师个人教学档案（含教学任务书、教学业绩、教学评价、培训进修记录等），师资队伍建设规划、教师培训计划及实施记录，教师授课资格认定材料等。

（4）学生管理类。这类教学档案包括学生名册、学籍档案，学生奖惩记录，学生社会实践、志愿服务记录，学生学习成果（如获奖作品、科研成果）等。

（5）其他类。这类教学档案包括教学设备采购、使用与维护记录，教学经费使用情况记录，国内外教学交流与合作资料等。

2.收集时间

教师及教学人员应在教学任务完成后 15 个工作日内，将个人教学资料提交至科室教学档案管理责任人。临床科室（教研室）应在每学期（学年）教学活动结束后 30 个工作日内，将本科室该学期（学年）的教学档案资料收集整理完毕。

（二）教学档案整理

（1）分类整理。根据档案的性质、内容和用途，按照预先制订的分类方案进行分类，可以按教学管理、教学业务、学生情况等进行分类，也可以按照教学阶段、学科专业等进行分类。例如，教学管理类可包括教学规章制度、教学会议纪要等；教学业务类可包括课程标准、教学研究成果等；学生情况类可包括学生学籍档案、成绩档案等。大类下可再细分为小类，如教学业务类可进一步分为课程教学、实践教学等小类。

（2）著录编号。对分类后的教学档案按份或按组编制详细的目录信息，包括档案名称、编号、日期、责任者、保管期限等内容。目录应按照一定的格式和顺序进行编排，并建立档案编号体系，便于检索和查询。编号应具有唯一性和系统性，如可以采用"年份＋类别代码＋顺序号"的方式进行编号。

（3）编目。编制档案目录，记录档案的名称、编号、日期、责任者等信息，形成纸质或电子目录，方便查询和管理。

（三）教学档案归档

（1）档案审核。医院档案信息管理部门对各教学管理机构整理好的档案进行认真审核，确保档案的完整性、准确性和规范性，审核通过后才能进行归档。

（2）装订与装盒（备份与存储）。将整理好的档案资料装订成册，使其便于保管和查阅。对于纸质档案，要选择合适的装订方式，如采用线装、胶装或装订夹。装订时要注意整齐、牢固，避免损坏档案内容。最后装入档案盒，并在档案盒上标明档案的类别、编号、年份等信息。对于电子档案，则需进行数据备份与存储，选择安全可靠的存储介质，如光盘、硬盘，定期进行维护和更新，并建立相应的索引文件。

（四）教学档案库房管理

（1）库房管理。档案库房要保持适宜的温度、湿度，做好防火、防潮、防虫、防盗等工作，确保档案的安全存放。例如，温度应控制在 14℃ ～ 24℃，相对湿度应控制在 45% ～ 60%。

（2）设备维护。对于存储电子档案的设备，要定期进行维护和保养，防止因设备故障导致电子档案数据丢失。同时，要定期对电子档案进行备份，备份数据应存放在不同的地点。

（3）定期检查。定期对档案进行检查，查看档案的保管状况，及时发现和处理档案损坏、丢失等问题，并做好检查记录。

（五）教学档案利用管理

（1）建立借阅制度。明确档案借阅的流程和规定，包括借阅申请、审批程序、借阅期限、归还手续等，确保档案借阅过程规范有序。例如，借阅者需填写借阅申请表，经相关部门负责人审批后方可借阅。

（2）提供查阅服务。为教学管理部门、教师、学生等提供档案查阅服务，可在档案查阅室设置专门的查阅设备和人员，指导相关人员正确查阅档案。对于电子档案，可通过医院内部网络平台提供在线查阅服务，但要设置相应的访问权限。

（3）利用效果反馈。收集档案利用者的反馈意见，了解档案在教学管理、教学研究、学生学习等方面的作用和效果，以便进一步改进档案管理工作。

>>> 第三节　医院教学档案管理质量提升

一、医院教学档案管理中存在的问题

（1）重视程度不够。部分医院领导和工作人员对教学档案管理工作的重要性认识不足，忽视了教学档案的管理，导致教学档案管理工作缺乏必要的支持和保障。

（2）管理制度不完善。缺乏完善的教学档案管理制度，在档案的收集、整理、归档、保管和利用等环节中存在不规范操作，难以保证档案质量。

（3）信息化水平低。随着信息技术的快速发展，医院教学档案的数量和种类也在不断增加，但部分医院的教学档案管理仍停留在传统的手工管理模式，信息化程度较低，档案的检索和利用效率低。

（4）管理人员素质不高。医院教学档案管理人员大多是兼职人员，缺乏专业的档案管理知识和技能培训，对教学档案的特点和管理要求了解不够，难以适应现代化教学档案管理工作的需要。

二、医院教学档案管理改进措施

（1）提高认识，加强领导。医院领导要充分认识教学档案管理工作的重要性，将其纳入医院整体发展规划和教学管理工作的重要议事日程，明确分管领导，加强对教学档案管理工作的组织领导和监督检查。

（2）完善制度，规范管理。建立健全教学档案管理制度，明确档案管理各环节的工作流程和标准，加强对档案形成、收集、整理、归档、保管和利用等全过程的管理，确保教学档案的完整性、准确性和规范性。

（3）加强信息化建设。加大对教学档案管理信息化建设的投入，配备必要的计算机、扫描仪、复印机等硬件设备，采用先进的档案管理软件，实现教学档案的数字化管理，提高档案的检索速度和利用效率。

（4）提高管理人员素质。加强对教学档案管理人员的培训，定期组织档案管理专业知识和技能培训，鼓励其参加相关学术交流活动，提高其业务水平和综合素质。同时，要稳定档案管理人员队伍，确保档案管理工作的连续性和稳定性。

第八章

医院基建档案管理

>>>> 第一节　医院基建档案管理概述

医院基建档案管理作为医院建设和管理的重要组成部分，对医院的可持续运营、医疗资源配置及患者就医体验具有深远影响。随着医疗事业的快速发展和医院规模的不断扩大，医院基建档案的数量逐渐增加，复杂度也逐渐提升，给档案管理带来了更大的挑战。医院基建档案管理对于提升医院档案信息管理水平、保障医院建设的顺利进行具有重要意义。

医院基建档案管理涉及医院基础设施的建设、改造和维护等方面，包括建筑设计、施工图纸、材料采购、施工进度等。随着医疗行业的迅猛发展和医院规模的不断扩大，医院基建档案的数量和种类日益增多，管理难度也相应加大，基建档案管理的重要性日益凸显，对于确保医疗设施的安全、可靠和高效运行，以及提升医疗服务的质量和效率，具有不可替代的作用。因此，研究医院基建档案的特点和管理规律，推动医院基建档案管理的规范化、标准化发展，加强档案管理的专业性和系统性，规范档案管理流程，成为提升医院基建档案管理效率和质量的有力支撑。

一、医院基建档案的定义和特点

医院基建档案是医院基础工程设施建设档案的简称，是指医院在基础工程设施的规划、建设、改建、扩建、维护等过程中形成的各类文件、图纸、记录等资料的集合，记录了医院建筑设计的创意与施工过程的细节，见证了医院规模扩张与设施更新的历程，是医院建设全过程的重要记录，能够全面反映医院的基础设施状况，对医院基础工程设施正常运营、维护、改造及医院未来的建设和发展提供参考。

从医院基建档案的目的、生成和作用上看，其具有以下几个特点。

（一）历史性

医院基建档案记录了医院从规划、建设到运营、维护的全过程。基建档案是医院发展历程的见证，记录了医院在不同时期的建设成果与经验教训。通过查阅基建档案，可了解医院基建活动的历史背景和具体情况，以及医院建筑设施的历史变迁，为医院未来的规划与发展提供宝贵的参考。

（1）技术进步的见证。医院基建档案记录了建筑技术的进步和创新。从传统的砖瓦结构到现代的钢筋混凝土，从手工绘图到计算机辅助设计，这些变化都在档案中留下了深刻的印记。通过对比不同时期的基建档案资料，我们可以清晰地看到建筑技术的演变历程。

（2）社会发展的缩影。医院基建项目往往与社会发展紧密相连。医院基建档案不仅记录了医院建筑物的建设过程，还反映了当时社会的经济状况、政策导向和民众需求。

（3）文化遗产的传承。医院基建档案不仅记录了建筑本身的历史，而且蕴含着丰富的文化内涵和民族记忆，对于文化遗产的保护和传承具有重要意义。

（4）灾害应对的参考。医院基建档案在灾害应对中也发挥着重要作用。医院基建档案可以为未来的防灾减灾工作提供参考。同时，这些档案也是灾后重建的重要依据。

（二）连续性

医院基建档案的连续性表现在它与医院运营管理的紧密联系上。随着医院业务的不断拓展和设施设备的持续更新，基建档案也在不断地丰富和完善。医院的每一次维修、改造或扩建活动，都会产生新的基建档案。这些档案与既有的档案相互关联，共同构成了医院基建档案的完整体系。医院基建档案能够实时反映医院基建的最新情况，为管理决策提供及时、准确的信息支持。

（1）时间维度的纵向贯通。医院基建档案涵盖了医院基建活动的各个阶段，包括前期准备阶段、设计阶段、施工阶段、竣工验收阶段和使用维护阶段等。每个阶段的文件材料都被系统地收集和整理，保证全周期覆盖，这使得医院基建活动的历史记录得以完整保存，历史进程得以清晰呈现。

（2）空间维度的横向关联。医院基建档案覆盖基建活动的全过程，基建项目的实施往往涉及多个参与单位，如建设单位、设计单位、施工单位、监理单位。这些单位在基建活动中产生的文件材料都被纳入基建档案的管理范围，确保了基建档案的完整性和系统性。同时，基建档案又涉及多个专业领域，不仅有建筑工程、结构工程等传统建筑领域，还涵盖了医疗设备的安装、医疗废水废物处理等与医疗相关的特殊领域。这些不同领域的文件材料都被系统地收集和整理，形成了完整的基建档案，为医院的工程建设、使用管理、工程维护和改建扩建等活动提供了不可或缺的参考依据。

（3）管理维度的协同配合。医院基建档案管理不仅涉及基建部门，还与后勤部门、财务部门、审计部门等多个部门紧密相关。基建部门需要与总务后勤部门在基建任务的提出、完成后的管理或使用等方面进行协作；与财务部门在工程款的支付上进行协调；与审计部门在工程程序及人员行为上进行监督；与医疗使用科室在基建方案的确定、工程建设等方面进行沟通和交流。医院基建档案管理各部门的协同配合，确保了基建档案管理的全面性和系统性，为医院的工程建设、使用管理、工程维护和改建扩建等活动提供了重要的信息支持。

（三）专业性

医院基建档案的专业性是其发挥作用的基础。通过遵循专业标准和规范，基建档案为医院的工程建设、使用管理、工程维护和改建扩建等活动提供了重要的信息支持和保障。医院基建档案的专业性主要体现在以下两个方面。

（1）专业领域广泛。医院基建档案不仅涉及建筑工程领域，还涵盖了医疗设备、电气、给排水、暖通空调、消防等多个专业领域。每个领域都有自己的建设要求，需要遵循国家相关的工程勘察、设计、施工、监理等方面的技术规范、标准和规程。

（2）专业性强。医院基建档案涉及诸多专业内容，如建筑设计、结构设计、医疗设备安装、医疗废水废物处理。这就要求档案管理人员必须具备较高的专业素质，对这些领域有一定的了解，以便更好地进行档案的收集、整理和利用，确保档案的准确性和完整性。

二、医院基建档案管理及其意义

医院基建档案管理在项目管理中占据着举足轻重的地位，对于项目的全生命周期管理具有决定性的影响。从项目的决策阶段到竣工验收阶段，基建档案是这些工作最真实、最完整的记录，包含了项目的细节、数据、设计、施工过程及变更情况。这些档案资料为项目管理者提供了全面而详尽的信息基础，使其能够准确把握项目的现状和历史背景，从而在进行各种管理决策时做到心中有数、有的放矢。

医院基建档案管理是按照档案管理的一般规律和制度要求，对医院进行基础设施建设（如建筑、修缮、扩建等）过程中形成的文件、图表、声像等材料进行系统的收集、整理、归档、保管和利用等一系列工作的总和。科学有效的医院基建档案管理能够为医院可持续发展提供强大的信息支持。基建档案管理对于医院的意义不言而喻。

（一）确保医疗设施的安全性和可靠性

医院基建档案中详细记录了医院建筑和设施设备的各项参数、维修记录及改造历史，反映了医院基建项目的管理水平、施工情况和投资效益等。通过查阅基建档案，可以对医院的基建项目管理进行综合分析，评估设施性能和防范安全隐患。

（二）有助于提升医疗服务的质量和效率

完整、准确的基建档案可以为医疗活动的顺利开展提供有力的技术保障和支持，减少因基建项目的设计、布局、质量等问题而导致的医院运行不畅，甚至产生医疗纠纷和安全事故风险。

（三）为医院基建项目提供可持续服务

医院基建档案记录了建设项目的全过程，包括项目的立项、设计、施工、验收等环节的各项技术参数，以及施工工艺和原材料使用情况等。这些信息对于医院基建活动的后续工作（如维修、改建、扩建）具有重要的参考价值，有助于确保后续工作的顺利进行，提升医院基建管理的质量和服务效能。

（四）是医院基建项目财务管理的重要凭证

财务、审计部门通过对医院基建档案的财务核查和分析评估，能够发现项目中存在的财务使用问题，防止项目资金的浪费和不合理使用，确保基建项目的顺利实施。此外，从医院发展管理的角度来看，基建档案对于成本控制也具有重要意义。通过对比分析历年来的基建档案数据，管理者可以发现潜在的节约点位或超支风险，从而及时调整预算，有效控制投资规模。

（五）有利于医院的文化传承和历史记录

医院基建档案不仅记录了医院工程项目的建设过程，还反映了当时的社会经济背景、技术水平、政策法规等信息。因此，其在文化遗产保护方面发挥着不可估量的作用。例如，具有特殊意义的基建项目的基建档案，能够提高员工对医院自身发展历程和特色文化的认同感和自豪感，成为医院文化传承和历史记录的重要组成部分。

综上所述，医院基建档案管理对于医院的建设和发展具有重要意义，是医院运行管理的重要组成部分，为医院未来的发展规划、建设决策提供了重要的历史数据和参考依据。随着医疗技术的不断进步和患者需求的日益多样化，医院的基础设施建设也在不断加快。从扩建病房、增加医疗设备到引进先进的医疗技术，医院的基础设施建设日益复杂。因此，医院应高度重视基建档案管理工作，确保其完整性、准确性和系统性，使其能够为医院管理层和相关部门提供准确、可靠的信息支持。

>>> 第二节　医院基建档案管理要求

医院基建档案管理要求涉及档案的收集与整理、归档与保管、利用与共享、管理制度与人员培训及信息化和数字化等多个方面。这些要求旨在确保基建档案的完整性、准确性、系统性和安全性，为工程项目的规划、设计、施工及后续维护提供有力支持。

一、管理人员素质要求

医院基建档案涉及多个专业领域，如建筑学、土木工程、设备工程。这些专业领域的复杂性，决定了基建档案管理的专业性和技术性。为确保医院基建档案的完整性、准确性、系统性和安全性，基建档案管理人员应具备以下四个方面的知识和能力。

1.具备档案管理的基础知识和技能

基建档案管理人员在履行其职责时，首先需要具备档案管理的基础知识和技能，掌握档案管理的基本原理、方法和流程，包括档案的收集、整理、分类、编号、保管和利用等环节。另外，还要了解档案信息化的基本原理和方法，包括档案的数字化、网络化、智能化应用，以便更好地利用现代技术手段进行档案管理。

2.熟悉基建专业的知识和技能

基建档案管理人员首先需要掌握一定的建筑工程知识，如建筑结构、施工工艺、材料设备，这有助于他们理解基建档案中的专业术语和内容，确保档案的准确性和可读性；其次，需要了解基建项目管理的全过程，包括项目立项、可行性研究、设计、招投标、施工、竣工验收等环节，这有助于其更好地把握基建项目的整体脉络，从而更有效地进行档案管理。

3.具备相应的医学知识和实践经验

基建档案管理人员要具备相应的医学知识和实践经验，以便能够准确地理解和处理与医疗相关的文档和数据，了解医疗设施的特殊规划与设计原则，如感染控制、患者流线、医疗设备布局，确保医院基建档案内容的准确性和实用性。

4.具备相关法律法规和标准规范

在医院基建档案管理领域，法律法规与标准规范的变化一直是重要的影响因素。随着医疗行业的不断进步和外部环境的变化，相关法律法规和标准规范时常发生变动，这就对医院基建档案管理人员提出了更高的要求。医院基建档案管理人员要及时学习国家及地方关于基建档案管理的法律法规和标准规范，确保基建档案管理工作合法合规，避免风险。

5.具备现代信息技术知识和能力

信息化技术的发展对基建项目管理的信息化、数字化水平要求越来越高，为了与之相适应，大量的基建档案以数字化、图谱化、表格化的形式呈现。这就要求档案管理人员能够熟练运用现代信息技术手段，将新技术、新方法应用于档案管理实践中，不断提升基建档案管理的效率和智能化水平。

综上所述，医院要定期对基建档案管理人员进行业务培训和教育，使基建档案管理人员一方面能够充分认识到基建档案管理的重要性，提高其责任心和使命感，从而使其能够更好地履行职责，确保档案的安全和完整；另一方面，提高基建档案管理人员的业务素质和档案管理水平，使其能够熟练掌握基建档案管理知识和技能，确保基建档案管理工作的规范化和专业化。

二、管理制度要求

医院基建档案管理作为工程项目管理的重要环节，其制度要求不仅关乎项目的顺利推进，更是工程质量与历史传承的重要保障。医院基建档案记录了工程项目的规划、设计、施工、验收等环节中的所有信息，是项目管理的核心依据。在快速发展的现代社会，医院基建档案管理的制度化、规范化显得尤为重要。它不仅要求档案内容真实、完整，还强调档案管理流程的科学、高效。从档案的收集、整理到分类、编码，再到存储、保管和利用，每个环节都需遵循严格的标准与规范。此外，随着信息技术的不断进步，医院基建档案管理的数字化要求也日益凸显，旨在通过技术手段提升管理效率，确保档案的安全与便捷利用。

（一）档案的收集、整理与归档

医院基建档案的收集、整理与归档是医院基建档案管理工作的基础。为确保档案的完整性和准确性，应明确收集范围、整理标准和归档要求。

（1）全面收集。从项目立项开始，直至竣工验收结束，全面收集项目过程中产生的各类文件资料。这包括项目建议书、可行性研究报告、初步设计文件、施工图设计文件、施工记录、质量检验评定记录、竣工图、竣工验收报告等。

（2）分类整理。严格遵守国家及行业规定的档案分类标准、编码规则及装订要求，确保医院基建档案的规范性和一致性。按照工程项目或建设项目进行分类，将一个工程项目的全部档案集中在一起；再按专业或其他特征划分不同层次的类目，如按项目前期文件、勘察设计文件、施工文件、监理文件、竣工验收文件进行分类。

（3）规范归档。在归档过程中，确保每份档案都能在分类体系中找到准确的位置，便于后续检索和利用。归档时，需填写归档清单，详细注明档案的名称、数量、时间等信息，以便对基建档案进行准确登记和统计。

（4）确保质量。收集的基建档案资料应准确、完整，能够真实地反映工程项目的实际情况。

（二）档案的储存与保管

基建档案的存储与保管是确保档案安全、延长档案寿命的重要措施。

（1）安全存储。存储环境应满足温湿度适宜、防尘防虫、防火防盗等要求，确保档案不受损害。为确保档案的安全，需选择符合条件的库房和设备存放档案。同时，还需配备必要的设备，如温湿度调控系统、防火系统，创造适宜的存储环境。

（2）科学保管。建立相应的档案存储和保管制度，明确档案保管责任和措施，确保档案的安全性和完整性。定期对档案进行清点、检查，及时发现并处理档案的丢失、损坏等问题。同时，还需对档案的保管状况进行检查，及时发现并改善存在的问题。另外，应加强对共享数据的安全管理，防止数据泄露和滥用。

（三）档案的利用与开发

基建档案的利用与开发是档案管理工作的目的。为确保档案的合理利用和开放共享，应明确档案利用规则和开放范围。

（1）方便工作。建立完善、规范的档案查阅和利用制度，确保医院内部人员和相关方能够便捷地查阅和利用基建档案。查阅医院基建档案应经过严格的审批程序，确保档案的保密性和安全性。同时，应建立完善的档案借阅记录制度，对档案的借阅情况进行跟踪和管理。

（2）共享利用。加大对基建档案信息化建设的投入，最大限度地对纸质档案进行数字化处理，通过扫描、拍照等方式将纸质档案转化为数字化档案，实现档案的电子化存储和检索，构建安全、高效、便捷的档案管理信息管理平台，提高档案查询的效率和便利性。

总之，医院基建档案管理制度应涵盖档案的收集、整理、归档、保管、利用和销毁等各个环节的具体规定，确保每个环节都有明确的标准和操作流程，旨在确保基建档案的完整性、准确性、系统性和安全性，以便为工程项目的规划、设计、施工、验收及后续维护提供有力支持。

三、管理模式及流程

医院基建档案管理模式及流程因医院规模、管理理念、传统管理模式等因素的不同而呈现出多样化的特点。

（一）管理模式方面

医院基建档案管理有集中式管理和分散式管理两种模式。

集中式管理是指将基建档案集中于医院某个部门或由专人管理，以便于统一管理和查阅。这种模式的优势在于能够确保档案收集的完整性、准确性和规范性，提高档案管理的效率。

分散式管理则是将基建档案分散在多个主管或使用部门，各部门或人员根据自身需求进行管理和使用。这种模式的优势在于能够充分发挥各部门或人员的积极性，提高档案管理的灵活性。

两种管理模式各有利弊。医院可根据各自的规模、条件和习惯选择，但无论选用哪种模式，都要确保档案的完整性、规范性，预防档案残缺和流失。因此，随着医院现代化和医院档案信息管理的规范化发展，医院要将基建档案作为档案管理的重要组成部分，纳入医院档案集中管理范畴。

（二）管理流程方面

医院基建档案的收集、整理，分类、编目、归档、保管，查询使用、开发利用等，是一个大的闭环管理，其中每个环节都必须遵循各自的工作规律和流程要求。这种规范化操作流程能够确保基建档案管理的及时性、有序性、完整性，提高档案管理质量，减少人为因素导致的收缴不及时，归档不完整、不规范，以及保管过程中出现的破损、散落、流失、泄密等现象。随着现代信息技术的发展，要积极推进基建档案的数字化管理，提高基建档案管理的质量和效能。

>>> 第三节 医院基建档案管理内容

医院基建档案管理内容涵盖了医院基础设施建设过程中形成的各种文件和资料，这些文件和资料对于医院的建设、运营和维护具有重要意义。为了方便基建档案管理，按照医院建设工程的一般规律，可以从项目前期（准备期）、项目中期（施工期）、项目后期（竣工验收期）三个阶段对医院基建档案进行管理。

一、项目前期（准备期）档案

项目前期档案是指基建项目准备、设计和论证审批等阶段的资料。这个时期产生的档案文件不仅数量多，而且种类多，主要包括以下内容。

（一）立项审批文件

立项审批文件是指在基建项目启动前，为了获得项目批准和资金支持而编制、呈报给有关部门审批的一系列文件和资料。这些文件通常包括项目建议书（或必要性研究报告）、可行性研究报告、项目立项报告、项目审批文件等，是医院基建项目启动和决策的重要依据。其主要内容有以下几个方面。

（1）项目建议书（或必要性研究报告）。项目建议书是基建项目立项的初步文件，用于阐述项目背景，项目必要性和项目的目的、意义，论证项目规模、投资估算、预期效益等基本信息。该文件通常由项目发起单位编制，并提交给上级主管部门或审批机构进行审查。

（2）可行性研究报告。可行性研究报告是对基建项目进行全面分析和评估的重要文件。它通常包括市场分析、技术分析、财务分析、社会影响分析等多方面的内容。该报告旨在确定项目的可行性、投资效益和风险，为项目决策提供依据。

（3）项目立项报告。项目立项报告是在项目建议书和可行性研究报告的基础上，进一步细化项目实施方案和预算的文件。它通常包括项目概述、建设内容、建设规模、投资估算、资金来源、建设进度安排等内容。该报告需要提交给相关审批机构进行审查，以决定是否批准项目立项。

（4）项目审批文件。项目审批文件是指由上级主管部门或审批机构对基建项目的立项申请进行审查后出具的文件，通常包括项目批准书、项目备案通知书、规划许可证、施工许可证等。项目审批文件的出具标志着项目已经获得了正式批准，可以进入实施阶段。

（5）勘察、测绘、设计文件。这类文件包括地质勘察报告、地形测量图、初步设计、技术设计、施工图设计等，为项目的施工提供详细的技术指导。

（6）环境评价与安全文件。这类文件包括环境影响评价报告、消防设计审核文件等。

（7）其他相关文件。除了上述主要文件外，基建档案立项审批还可能涉及其他相关文件，如土地使用权证明、资金证明；建设用地、征地、拆迁文件等。

（二）招投标文件

招投标文件是指在医院基建项目招标过程中，由医院或医院委托的招标单位编制，向社会公开发布的正式文件。这类文件详细说明了项目的招标范围、技术要求、投标资格、评标标准、合同条件等关键信息，旨在确保招标的公正性、透明度和竞争性。其通常包含以下主要内容。

（1）招标公告/邀请函。这类文件应写明项目概况，介绍项目名称、地点、规模、资金来源等基本信息；明确招标的具体工程或服务内容，如设计、施工、监理、设备采购；列出潜在投标人需满足的资质、业绩、财务状况等要求；注明招标日程，包括发售招标文件的时间、投标截止日期、开标时间和地点等。

（2）投标人须知。这类文件应详细说明投标文件的格式、内容、签字盖章等要求；规定投标保证金的金额、提交方式和退还条件；明确投标文件的有效期，即招标方接受投标文件的截止时间；说明投标文件的递交方式、截止时间和地点；介绍开标程序、评标原则和标准、中标通知方式等。

（3）合同条款。这类文件应明确合同类型，如总价合同、单价合同、成本加酬金合同；详细描述工程的具体范围、技术要求和质量标准；明确工程的开工日期、竣工日期及关键节点；规定工程进度款的支付比例、时间和条件；说明工程变更的处理程序、索赔的条件和程序；规定双方违约时的责任承担方式等。

（4）技术规范与图纸。这类文件应详细列出工程所需的材料，设备的技术规格、性能要求等；还应提供项目的施工图纸、设计方案等，作为投标报价的依据。

（5）工程量清单与报价说明。这类文件应列出工程所需的所有材料、设备、人工等项目的数量；说明报价的组成、计算方法、调整规则等。

（6）相关附件要求。这类文件应列出投标人需提供的资质证书、业绩证明等。

医院基建档案招标文件，应确保其内容完整、准确、清晰，并符合相关法律法规和行业标准的要求。同时，招标方还需注意保护投标人的商业秘密和知识产权，避免泄露敏感信息。

（三）设计文件

设计文件是医院基建档案的重要组成部分，详细描述了项目的规划、设计理念和具体实施方案，主要包括总体规划设计，结构、给排水、电气、暖通等设计图纸及说明等。

（1）总体设计。在总体设计文件中，应包括项目背景、目的、规模、建设地点等基本情况；列出设计所依据的法律法规、标准规范、相关政策及业主需求等；阐述设计的指导思想、基本原则及预期目标；明确设计的具体范围，包括工程内容、边界条件等；详细说明设计中采用的技术标准、质量指标及特殊要求；提出施工过程中的关键控制点、验收标准及注意事项。

（2）设计图纸。一是总平面图，展示项目的整体布局、道路交通、绿化景观等。二是建筑平面图，包括各楼层平面图，显示房间布局、门窗位置等。三是立面图与剖面图，展现建筑物的外观形态、结构层次及内部空间分布。四是结构施工图，详细描绘梁、板、柱等结构构件的尺寸、配筋及连接方式。五是给排水、电气、暖通等专业图纸。同时，对关键节点、复杂图纸进行放大绘制，提供详细尺寸和材料说明。

（3）材料设备清单与规格说明。这类文件应列出项目所需的主要建筑材料及其规格、数量；详细记录所需设备的型号、规格、数量及生产厂家；对关键材料和设备的性能、质量要求进行详细说明。

总之，基建档案是一个综合性的文档集合，涵盖了项目的各个方面，提供了详细的指导和依据。

二、项目中期（施工期）档案

项目中期档案是指项目建设进程中形成的材料，主要包括以下内容。

（1）施工管理文件。这类文件主要指施工合同、监理合同，包括施工组织设计、施工方案、技术交底记录、施工日志等，记录施工过程中的管理和技术细节。

（2）质量检查验收文件。这类文件主要包括材料检测报告、设备合格证、隐蔽工程验收记录，工程进度记录、安全记录，分项工程质量评定表、单位工程质量综合评定表等，确保施工质量的可控性。

（3）监理报告。监理报告是监理单位在基建工程项目实施过程中，根据监理合同和相关法律法规，对工程进度、质量、安全、投资等方面进行监督、检查和评估后所形成的书面报告。

（4）工程变更文件和洽商文件。这类文件记录了施工过程中因设计、施工条件等变化而产生的重大维修或升级的审批文件，以及施工图纸等工程变更和洽商情况。

三、项目后期（竣工验收期）档案

项目后期档案是指工程项目竣工及其验收形成的材料，主要包括以下内容。

（1）竣工报告。这类文件是指工程项目在完成所有建设任务后，施工单位或项目管理团队编制提交给建设单位的正式文件，用于总结项目实施过程、确认工程完成质量、汇报工程费用使用情况及提出后续保修与维护建议。竣工报告是工程项目交付前的重要文件，应确保内容真实、准确、完整，以便为后续的项目结算、审计、保修及档案管理提供依据。

（2）竣工验收文件。这类文件包括工程验收报告、竣工图、竣工验收备案表；消防验收、环保验收、规划验收等专项验收文件；工程结算文件、审计报告、竣工图纸（含电子版）及竣工资料移交清单等。这类文件是项目竣工的重要证明文件。

（3）工程质量保修文件。这类文件规定了工程质量保修的范围、期限和责任等，以保障医院的相关权益。

四、其他专项档案

其他专项档案是指贯穿于项目全过程的相关档案，主要是财务管理类档案，记载了工程项目建设经费投入和使用情况，如工程概算、预算、结算、决算文件，以及付款等资金往来凭证、审计报告等，反映了项目的经济情况和投资效益。

医院基建档案管理的内容十分丰富，涉及项目建设的各个方面。为了确保基建档案的完整性和准确性，医院应建立完善的基建档案管理制度，明确基建档案管理职责和流程，加强基建档案管理人员的培训和管理，提高基建档案管理水平。

第九章
医院医疗设备档案管理

>>> 第一节　医疗设备

做好医院医疗设备档案管理，必须熟悉医疗设备的基本知识和工作要求。

医疗设备是指专门用于诊断、治疗、预防、保健及康复等医疗活动的设备、器具和其他相关物品，是现代医疗体系中不可或缺的组成部分，在设计、制造和应用上满足诊断、治疗、预防、保健和康复等目标需求。这些设备从简单的医疗器械到高度复杂的高科技系统均有涉及，广泛应用于各类医院中，发挥着至关重要的作用。

一、医疗设备的分类

医疗设备种类繁多，根据不同的分类标准，可以将其划分为多种类型。按照其使用目的，将医疗设备大体分为六类。

（一）诊断设备

如 X 光机、CT 机、磁共振成像（MRI）设备、超声诊断仪、心电图机等，用于疾病的初步诊断或确诊。

（二）治疗设备

包括呼吸机、血液透析机、激光治疗设备、高频电刀等，用于疾病的治疗或手术操作。

（三）康复设备

包括康复机器人、康复理疗仪、矫形器等，用于患者的康复训练和功能恢复。

（四）检测与监测设备

包括血糖仪、血压计、体温计、胎儿监护仪等，用于患者的生理参数检测和监测等。

（五）辅助设备

包括病床、轮椅、担架、输液架等，用于患者的护理、转运和辅助治疗。

（六）实验设备

包括离心机、显微镜、电泳仪等，用于医学研究和实验。

二、医疗设备的重要性

（一）提高诊断的及时性和准确性

CT 机、MRI 设备等能够提供更快、更精确、更清晰的医学影像，从而帮助医务人员快速、准确地诊断疾病。

（二）提升治疗效果

数字减影血管造影机（DSA）、激光治疗仪、高频电刀等能够辅助医务人员进行更精细、更安全的手术治疗，提高治疗效果。

（三）促进患者康复

康复机器人、矫形器等能够帮助患者进行康复训练，加速其身体正常机能的恢复。

（四）支持医学研究

离心机、显微镜等为医学研究提供了必要的工具，推动了医学的进步。

三、医疗设备的全周期管理与维护

医疗设备的正常运行对医院有序开展诊疗活动具有重要意义。一旦因设备故障而停机，医院临床工作会受到很大影响。因此，必须对医疗设备的采购、安装、运行、报废等环节进行严格的管理。

（一）采购与验收

医院在采购医疗设备时，需遵循相关法律法规，确保医疗设备的合法性和安全性。同时，在设备到货后，还需要进行严格的验收，确保设备性能符合预期。

（二）使用与培训

医疗设备的使用人员需要经过专业培训，掌握设备的操作方法和注意事项。同时，医院还需要制定设备使用管理制度，确保设备的正确使用和保养。

（三）维护与保养

医疗设备需要定期进行维护和保养，以确保其正常运行，延长使用寿命。医院需要建立完善的设备维护保养体系，包括定期巡检、故障排查和维修等。

（四）报废与更新

随着医疗技术的不断进步和设备的老化，医院需要定期对医疗设备进行报废和更新工作，以确保设备的先进性和安全性。

随着医疗技术的不断进步和医疗需求的日益增长，医疗设备也在不断更新换代。新的医疗设备不仅具有更高的精度和更优秀的性能，还融入了更多的智能化和自动化技术，为医疗工作带来了更多的便利。因此，医院需要不断更新和引进先进的医疗设备，以适应医学发展的需要。

>>> 第二节　医疗设备档案概述

一、医疗设备档案的含义

医疗设备是现代医院整体实力、医疗水平和质量的基础，是保证疾病诊断准确性、及时性和最佳治疗效果的重要技术手段，医疗设备的先进性和正常运行是医院开展诊疗活动秩序的重要保障。医疗设备档案是医疗设备管理的必备文书，是医院在医疗设备的论证、采购、安装调试、维护保养及管理工作中形成的不同形式的文件材料的总称。在每台医疗设备的生命周期中，医疗设备档案记录了该设备需求、论证、采购、装备、使用、质控、维护、变更、报废等全过程。因此，医疗设备档案的管理越来越受到医院的重视，成为医疗设备综合管理的重要组成部分。

二、医疗设备档案的重要性

医院实行科学完善的医疗设备档案管理，确保医疗设备档案管理的规范性、完整性和安全性，能够为医院正常的运营管理和发展做出更大的贡献。其在医疗管理中的意义和主要作用体现在以下几个方面。

（1）影响医疗设备效能的发挥。医疗设备档案管理是设备管理的依据，使管理者能够充分了解设备的分布情况，以及使用率、完好率、检修率、报废率和效益等。建立完善的医疗设备档案，可以确保医疗设备的采购、使用、维修及管理等工作规范有序，能够及时、有效地发挥医疗设备的性能，从而提高医院的医疗质量和技术水平。

（2）保障设备的使用价值和经济效益。医疗设备档案中的维修记录、维护手册等资料可以为设备的维修、检修和管理提供必要条件，减少因使用、维护不当、维修不及时导致的停机。因此，医疗设备档案的建立和科学管理，不仅有利于提升医疗设备在诊疗工作中的使用价值，而且可以降低医院的设备运行成本，减少经济损失。

（3）为设备升级换代提供决策支持。随着生物医学工程的快速发展和医疗市场竞争的日趋激烈，医疗设备的更新速度日新月异。医院通过完备的医疗设备档案，可以对医疗设备的价值与使用价值进行综合评估，为医疗设备更新换代的可行性、必要性论证提供数据支持。

（4）提供法律法规所需的相关资料。国家对医疗设备，特别是大型进口医疗设备的采购、使用、报废等，有相关的法律法规和政策规定，医疗设备档案必须将相关审批文件等材料保存完整。例如，享受国家免税政策的进口医疗设备，需要提供机电设备进口证明、海关免税证明、报关单、外贸合同等相关资料，以确保医疗设备的合法性和规范性。有些医疗设备具有放射性，要保存好此类设备的环境评估报告和使用过程中的放射性检测数据，确保设备使用的安全性。

（5）保障医院、医疗和患者信息的隐私性。医疗设备档案积累了大量诊疗活动的信息，通过这些信息既可以评估医院的运行状况，也可以评价医务人员的技术水平。同时，医疗设备档案也储存了大量的患者病情和诊查治疗信息，因此应严格保密。一旦泄露，将会对医院、医务人员和患者、查体者等造成严重的后果。

（6）是医疗信息共享的基础。随着医疗设备数字化水平的提升，医疗设备档案的信息化程度越来越高。医疗设备档案为患者和政府、社会各类组织提供便捷及时、合法合规的共享服务，深化和拓展医院的医疗服务方式。

三、医疗设备档案的特点

基于医疗设备全周期管理的规律，首先要理解和掌握医疗设备档案的特点，才能做好具体工作。医疗设备档案主要有以下几个鲜明特点。

（1）综合性、系统性。医疗设备档案综合性强，从需求提出、采购、安装调试到使用、维修、报废，每个环节均需详细记录，内容包括采购前的论证报告、合同、招标文件，使用中的维修记录、保养措施，以及报废后的处理文件等多种信息，贯穿医疗设备从购置到报废的全过程，形成完整系统的档案链条，具有不可分散性。因此，在医疗设备档案的收集整理过程中应始终遵循其形成规律，保持其综合性和系统性的特点。首先，医疗设备在引进前，应由使用科室对所需医疗设备展开书面论证，确定其引进的必要性。其次，引进医疗设备作为医院管理工作中的重要内容，必须通过医院办公会集体讨论形成办公会纪要，才能进入招投标及采买阶段，进入采买阶段后会产生招标文件、购买合同、设备出入库单和购买发票。再次，设备购入后会产生医院新增设备操作培训考核表、装箱单、调试记录、验收单、设备说明、随机文件，以及后期的检修故障记录、系统升级报告、重大事故调查分析和处理意见与报废申请等。这些材料按照一定顺序排列后，形成一整套相互关联的资料，将其归入医疗设备档案，使医疗设备档案具有严谨性、系统性。

（2）医学专业性。医疗设备档案中包含了大量与医疗设备相关的专业技术信息，如设备的性能指标、工作原理、操作规范。这些信息对于设备的正确使用、维护保养及故障排查至关重要。档案中还可能包含设备的设计图纸、技术手册、维修指南等，这些资料对于技术人员来说具有重要的参考价值。医疗设备档案以图纸、光盘、文字和照片等形式呈现，具有较强的专业性。因此，医疗设备档案一般要求由具有相关知识的专职医疗设备管理人员负责，以确保档案的真实性、完整性和技术性。

（3）动态性、延续性。医疗设备在运行过程中需持续补充维修记录、保养日志等动态信息。医疗设备档案不是独立的、一成不变的"死档案"，它的管理周期长，可能跨越数年甚至数十年，需长期跟踪设备的性能变化和使用状态。由此形成的文件均应归档，这些文件不可能在同一时间归档，而是需要阶段性地归档，其过程是动态的。

>>> 第三节　医疗设备档案管理的主要内容

医疗设备档案管理不仅要遵循档案管理的一般规定，还需要遵守国家及行业相关法律法规，如《医疗卫生机构医学装备管理办法》《医疗器械监督管理条例》《医疗器械使用质量监督管理办法》。这些法律法规为医疗设备档案管理提供了法律框架和业务指导，强调了医疗设备档案管理的完整性、合规性、规范性、安全性等。

一、医疗设备档案管理组织与职能

医院医疗设备档案管理组织体制是确保医疗设备档案得到系统、规范、高效管理的重要因素。这一体制通常由医院管理层、设备管理部门以及各临床科室共同参与构建，旨在实现医疗设备档案的全面、准确、及时管理。医疗设备档案管理组织及其主要职能有如下内容。

（1）领导层。领导层由医院高层管理者组成，负责制定医疗设备档案管理的总体目标和政策，监督医疗设备档案管理工作的执行情况，提供必要的资源支持，确保医疗设备档案管理工作的资源投入和政策支持。

（2）管理部门。通常由设备管理部门（如设备科或医学工程部）负责具体的医疗设备档案管理工作：负责制定详细的医疗设备档案管理制度和流程，确保医疗设备档案管理工作的规范化、标准化；负责医疗设备档案的收集、整理、归档和保管工作，确保档案的完整性和安全性；对医疗设备档案管理人员进行相关培训和指导，提高各科室医疗设备档案管理人员的专业素质和技能水平。

（3）临床科室。临床科室作为医疗设备的主要使用单位，应指定专人负责本科室医疗设备档案的收集、整理和初步归档工作，并与设备管理部门保持密切沟通，确保医疗设备档案的完整性和准确性。

二、医疗设备档案管理的一般流程

（1）收集与整理。医疗设备管理部门在设备购置、安装调试、验收等阶段，应及时收集相关资料并整理归档，确保档案的完整性和系统性。

（2）分类与编号。对医疗设备档案进行分类管理，如按设备类型、购置时间等进行分类，并为每份档案编号，便于查找和管理。

（3）归档与存储。整理好的医疗设备档案应及时归档，纸质档案应妥善保存，防止丢失或损坏，确保档案的安全性。

（4）更新与维护。随着医疗设备的更新换代和临床需求的变化，档案管理部门应及时更新医疗设备档案内容，确保档案的时效性和准确性。同时，应定期对档案进行维护和保养，防止档案因长时间存放而受损。

（5）借阅与报废。建立医疗设备档案借阅制度，明确借阅流程和归还要求，确保档案使用的安全性、完整性和可追溯性。利用信息化手段提高医疗设备档案的管理效率，如建立医疗设备档案管理系统，实现档案的电子化管理和数据共享。同时，要严格执行报废制度，对过期的医疗设备档案进行认真鉴定和论证。

三、医疗设备档案的主要类型

医疗设备档案管理是医院档案信息管理的重要组成部分和关键环节，涉及医疗设备从购置到报废的全过程记录。按照医疗设备管理的不同时间阶段，医疗设备档案主要包括以下内容。

（一）设备购置前期的论证与审批档案

在购置医疗设备时，医院使用科室应首先向医院提出购置该设备的必要性报告和可行性报告。必要性报告主要说明"为什么买"，一般从提升医院综合实力和核心竞争力、提高医疗服务水平和质量、满足患者多样化健康需求、增加医院经济收益和市场份额等方面进行论证。除此之外，要重点论证购置设备的品牌、型号和所具备的性能优势。可行性报告主要说明"能不能买"的问题，一般从医疗设备经费渠道、法律与政策环境、风险评估与应对措施、安装运行环境（含房舍、水电暖配套、放射防护等）是否符合要求等方面进行论证。必要性报告和可行性报告的档案要系统完整，数据翔实，一般包括以下内容。

（1）商务论证。一是国家药监部门授予的医疗器械注册证（含登记表、附表），它是医疗设备可以进入医疗市场的权威证明；二是医疗设备生产商和供应商的资质，其应具有有关部门核发的营业执照、医疗器械经营许可证、税务登记证、组织机构代码证等；三是医疗设备来源单位授予的销售授权书；四是国家药监部门核发的医疗器械生产许可证和卫生许可证等；五是市场对医疗设备的评价，如用户占有量、用户评价、用户采购价格、售后服务评价。

（2）技术论证。一是查看医疗设备的技术资料，包括技术手册、电路手册、使用手册、彩页等。二是确认医疗设备的系统配置、物理参数是否满足医院对设备提出的医疗功能需求。

（3）价格论证。一是对设备价格进行调查的资料，它反映了不同厂家的同类设备在某个时期的价格情况，要注意分清报价以及成交价等。二是设备性价比论证的资料。

另外，医疗设备购置前期档案还应包括决策与审批材料：关于医疗设备引进论证部分的档案，向政府主管部门申请医疗设备购置的报告及审批部门的审批同意书；医院领导研究设备购置等相关事宜的会议纪要等文书。

（二）设备采购期档案

医疗设备档案中的采购文件和资料是采购工作的记录。医疗设备采购档案主要包括招标文件、投标文件、合同文件三大类，另外还有中标通知书、合同谈判记录、采购合同，以及海关报关单、商检报告、发票等资料。采购合同是医院与设备销售单位、供应单位等谈判后形成的双方或多方必须遵守的买卖与服务契约；海关报关单是保证设备来源合法的凭证；商检报告是设备质量的保证；发票是医院经济核算与合同履行的财务凭证。

（三）设备接收、验收期档案

这一阶段的医疗设备档案主要包括使用说明书、操作手册、维修手册、图纸、软件光盘等，它们记录了设备及附件的型号、数量、出厂编号、生产日期，以及医疗设备安装使用场所配电图纸等。值得注意的是，在设备接收后，要经过一段时间的调试和使用，才能进入设备验收阶段。设备接收和验收时的记录作为相关的工作表单，如设备与配件清单接收表、使用验收表，应妥善保管。有些医疗设备，如需要进行医学计量和质控的设备，在接收后需使用相关检测设备进行检测，才能获取相关数据报告。

（四）设备运行、维护期档案

（1）设备使用情况工作日志。这主要包含使用人员、使用日期、使用时间、设备运行状况、故障现象、处理情况等，使管理者能够及时了解医疗设备的运行状况，分析设备的使用率、效益等。

（2）设备维修登记档案。这主要是医疗设备故障和维护记录材料，如维修合同、维修报告、维修工单、设备维修费用开支情况记录；设备软件、硬件升级情况记录。

（3）设备计量检测和质量控制检测档案。为保证医疗设备的质量和安全，卫生行政管理部门对某些医疗设备设置了强制性的定期计量检测和质量控制检测要求。因此，医疗设备档案应具备相关证件，如检测证书、应用许可证。医疗设备的计量检测和质量控制检测结果是医疗设备质量评级的重要依据。

（4）设备调配变更档案。因医院内部的调配，在医疗设备的使用单位发生变更后，应有相关的设备调配资料，如医疗设备调配报告和领导批示、设备调配表，还应有设备调配后相关医疗成本变动的记录材料。

（五）设备报废期档案

医疗设备因使用时间长或技术陈旧而进入报废期，在这一过程中产生的档案中，首先应有设备报废的相关申请报告或申请表单，详细说明设备报废原因；其次，要有政府行政管理部门和医院管理层对设备报废的同意批示或意见等。同时，要做好设备报废过程记录，留存相关资料等。

第十章
医院药品档案管理

医院药品档案管理作为医院管理的重要组成部分，是医院确保用药安全、提升管理效率的重要环节，对于保证医疗质量具有重要的现实意义。随着医疗技术的不断进步和医疗需求的日益增长，医院药品档案的数量和内容也在不断增加。如何科学、有效地对医院药品档案进行管理，提高药品档案管理的规范性，成为医院面临的重要课题。

>>> 第一节 医院药品档案管理概述

一、医院药品档案的定义及分类

医院药品档案是指医院在药品管理过程中形成的具有保存价值的各种形式的信息记录。这些记录涵盖了药品的基本信息，如名称、规格、产地，以及采购、销售、库存、用药监督等各个环节的资料。医院药品档案的完整性和准确性对于确保药品质量、调控药品的采购数量和使用具有重要的基础作用。

可以按照不同的标准，对医院药品档案进行划分。

（1）按照药品类型，药品档案可分为西药档案、中药档案、生物制品档案等。这种分类方式有助于管理人员对不同类型的药品进行有针对性的管理。

（2）按照管理环节，药品档案可分为采购档案、销售档案、库存档案等。这种分类方式便于管理人员对药品的各个环节进行实时监控，确保药品的质量和供应。

（3）按照载体类型，药品档案可分为纸质档案、电子档案等。随着信息化技术的不断发展，越来越多的医院已采用电子档案的方式进行药品档案管理，以提高管理的效率和准确性。

二、医院药品档案管理的重要性

医院药品档案记录了药品的采购、存储、发放及使用情况等关键信息。在医疗过程中，药品的质量和使用效果直接关系到患者的生命安全和健康，而药品档案则是药品质量和使用安全的重要依据。随着医疗技术的不断发展，药品的种类和数量不断增加，药品档案的管理也变得越来越复杂。其重要性主要体现在以下几个方面。

（1）有利于提升医疗质量与服务满意度。药品档案管理是医院质量管理的重要组成部分。通过全面、准确地记录药品的采购、销售、库存等各个环节的信息，医院能够实时监控药品的使用情况，确保药品的规范运作，提高医疗服务的透明度，增强患者对医院的信任度。规范的药品档案管理还能有效避免药品的浪费和滥用。

（2）有利于提升医院的管理水平。药品档案管理是医院整体管理的重要一环。通过加强药品档案管理，医院能够更全面地了解药品的使用情况，为采购、库存管理和患者用药提供有力支持，提高药品的管理效率和水平，为患者提供更加便捷、高效的医疗服务。规范、有序的药品档案管理能够促进医院内部各部门、各科室之间的协同合作，提高整体运营效率。

（3）有利于维护医院的声誉与形象。规范、科学的药品档案管理有助于提升医院在社会上的声誉与形象。通过确保药品的采购、销售、库存等各个环节的规范运作，医院能够赢得患者的信任和好评，提升医院的信誉度、美誉度和患者满意度。

三、医院药品档案管理的基本原则

在医院药品档案的管理过程中，药品数据的完整性和准确性直接关系到药品的安全性和有效性，因此必须坚持以下原则。

（1）完整性原则。药品档案需涵盖药品的采购、储存、使用和销毁的全部信息，包括供货单位资质、药品质量证明、验收记录、出入库管理、养护记录、出售记录等。应确保药品档案无遗漏，形成完整、系统的文件材料。

（2）准确性原则。药品档案的内容需真实地反映药品实际状态和动态，禁止伪造或篡改数据，确保药品信息（如有效期、批号、来源）与实物一致。同时，药品档案数据要易于他人理解和辨认，不会产生歧义。

（3）安全性原则。药品档案存放需符合环境要求（如温湿度控制），特殊药品（如麻醉药品、精神药品）档案需单独加密保管。药品档案内容涉及患者隐私或商业机密的，需采取保密措施，限制非授权人员访问。药品档案管理系统应记录并分析各类药品的相关数据，从而进行风险评估和预警，及时发现和解决潜在的药品安全问题。

（4）可追溯性与合规性原则。《中华人民共和国药品管理法》明确规定了药品追溯制度的基本原则，要求建立并实施药品追溯体系，确保药品质量与安全。因此，药品档案管理应依据《中华人民共和国药品管理法》的相关规定进行管理，药品管理链上的各环节要记录药品信息动态，确保数据实时更新与共享，包括采购来源、储存管理、临床使用记录等，保证问题药品可快速溯源。

（5）便捷性服务原则。药品档案应服务于药品质量监督、科研及管理决策。药品档案应进行科学分类，清晰明了，便于及时、准确地查询使用。药品电子档案系统则应具有支持快速查询与统计分析的功能，如通过月度、季度盘点和养护档案等方式优化库存管理，避免药品过期浪费。

医院药品档案管理要以保障患者健康为核心，以服务医院医疗质量为要务，加强风险管理与全程管控，通过制度规范、技术手段和人员保障等实现药品档案的科学化、标准化管理。

>>> 第二节　医院药品档案管理的主要内容

一、药品采购与审批档案

医院药品采购与审批档案是医院在药品采购过程中形成的各类文件的集合，主要包括以下内容。

（1）药品采购申请审批表。这类文件记录了医院对药品的需求，以及经过审批的采购计划，通常包含药品的名称、规格、数量、预计到货日期等信息。

（2）采购合同与订单。这类文件是医院与药品供应商之间达成的采购协议，详细规定了采购的药品名称、价格、付款方式、交货期限等条款。

（3）药品质量检测报告和验收报告。质量检测报告记录了药品的质量检测结果，是确保药品质量的重要依据；验收报告则记录了采购药品的验收日期、验收人员、验收结果等信息。

（4）药品配送凭证与发票。配送凭证记录了药品的配送情况和到货时间；发票则是医院支付药品采购费用的凭证，也是医院进行财务核算的重要依据。

（5）药品采购会议记录。这类文件记录了医院院长办公会、药事委员会和药剂科等管理机构，关于药品采购相关的会议内容和决策情况。

以上内容共同构成了完整的医院药品采购与审批环节档案体系，为医院的药品采购管理提供了有力支持。

二、药品入库、出库档案

医院药品的入库、出库档案管理是药品管理规范、安全、有效的重要保障。药品入库、出库档案管理制度和流程，可以确保药品的流向和状态可追溯，提高药品管理的效率和准确性。

（1）入库档案。一是入库单，其详细记录了药品到货后的验收情况，包含药品的详细信息及入库时间，如药品的外观、包装、有效期、批次号、数量。这些信息有助于了解药品的库存状况，确保药品入库信息的准确完整。二是验收记录，入库药品需经过验收合格后方可入库。通过验收记录，可以了解药品的质量，确保其符合相关标准和要求。

（2）出库档案：一是出库申请单，由药房或相关部门提交，包括药品名称、规格、数量、用途等。二是复核出库单，药品需经过复核后方可出库，以确保药品种类、批号、数量等准确无误，所以应复核出库单并详细记录发货人、收货人、发货时间、运输方式等相关信息。

三、药品库存与药品养护档案

药品库存档案包括以下内容：一是进行药品库存的日常盘点记录，它详细记录了药品的盘点日期、药品名称、规格、数量等关键信息，有助于了解药品的库存，为药品的采购、销售等提供了准确的数据支持；同时，可以及时发现药品库存的异常情况，为药品管理提供有力保障。二是建立库存药品存储的物理状态档案，详细记录药品的存储位置、存储条件、温度和湿度等相关信息，确保药品的存储环境符合规范，有效监控药品的质量变化。

药品养护档案则是确保药品质量稳定、防止外界因素影响的必要环节。通过药品养护记录，可以及时发现并解决药品的质量问题，保障患者的用药安全。

四、药品使用档案

在药品的使用过程中，需详细记录药品的使用情况，包括使用日期、药品名称、规格、数量、使用科室等信息，并定期进行药品盘点记录，确保库存与实际使用相符。药品使用档案主要包括以下内容：一是医务人员开具的医嘱或处方信息，包括患者的姓名、性别、年龄、诊断情况、用药目的，以及药品名称、规格、剂量、用法、频次等。二是处方审核人、调配人、核对人等信息，以及药品的发放时间、数量和领取人或家属签名等。三是临床医务人员、患者反馈的用药后的反应和效果等信息，以及将其提交给药剂管理部门的信息记录，药剂管理部门的处置方式与结果等。

需建立完善的退药记录，记录退药的日期、药品名称、规格、数量、退药原因等关键信息。这一举措旨在确保退药过程的可追溯性，保障患者的用药安全和权益，确保药品的使用符合规范，提高药品的使用效率和安全性。

五、药品质量监测与控制档案

在药品质量监测方面，医院应定期对药品进行监测，记录药品质量抽检日期、抽检结果、处理措施等。医院需要建立专业的药品监测实验室，配备先进的监测仪器和设备，确保药品监测结果的准确性和可靠性，全面反映药品的质量状况，确保药品质量符合标准。

在质量控制方面，医院应建立药品质量报告制度，对药品采购、存储、使用等各个环节进行质量控制，确保各环节管理符合质量标准，保证药品的安全性和有效性。一旦发现药品质量问题或用药患者出现不良反应，应及时上报并妥善处理，确保患者的用药安全。需要召回的药品，必须填写药品召回记录，包括召回原因、召回范围、处理结果等。

>>> 第三节　医院药品档案管理信息化建设

医院药品档案管理信息化是现代医院管理的重要趋势，旨在通过信息技术手段提升药品档案管理的效率、准确性和可追溯性。

一、医院药品档案管理信息化建设的背景与意义

医疗技术的不断进步和医疗信息化的快速发展对医院药品档案管理提出了越来越高的要求。传统的纸质档案管理方式存在诸多不足，如查询效率低、易丢失、难以追溯。因此，实施医院药品档案管理信息化，不仅能够提高管理效率，还能确保药品信息的准确性和安全性，为临床用药和药品管理决策提供有力支持。

二、医院药品档案管理信息化建设的主要目标

医院药品档案管理信息化建设的主要目标包括以下几个方面。

（1）提高管理效率。通过电子化存储和查询，实现快速、准确的药品信息查验。

（2）确保信息准确。利用标准化、规范化的技术手段，减少人为错误，提高药品信息的准确性。

（3）增强可追溯性。实现药品从采购到使用的全程可追溯，确保用药安全。

（4）促进信息共享。实现医院内部各部门之间的信息共享，提高协同工作效率。

三、医院药品档案管理信息化建设的实施策略

（1）建立电子化药品档案管理系统。开发或引进适合医院药品档案管理的系统，其通常包括药品计划管理、库房管理、门（急）诊药房管理、病房药房管理等系统模块，并与医务人员工作站系统、护理工作站系统等互通，利用药品查询、开具处方、数据统计和分析等功能模块，满足不同场景下的档案管理需求，实现药品信息的实时更新、查询、统计和分析。

（2）实现药品档案管理数据标准化与规范化。数据标准化是加强药品档案信息化管理的基石，通过制定统一详细的标准，明确档案收集、整理、保管、利用等各个环节的要求，确保药品档案的真实性和完整性，为后续的数据分析和管理提供可靠的基础。数据规范化是确保药品档案管理专业性和系统性的关键，通过明确药品档案的内容、格式、保存期限等，提高药品档案管理的质量，减少因管理不规范而导致的混乱和误解。

（3）实现药品档案管理流程优化与自动化。优化药品档案管理流程，实现药品采购、入库、出库、使用等环节的自动化处理。利用技术手段，实现药品信息的快速识别和录入。

（4）加强药品档案管理的信息安全保障。加强系统安全防护，防止数据泄露和非法访问。同时，定期对系统进行备份和恢复测试，确保数据安全可靠。

四、医院药品档案管理信息化建设的成果与展望

通过实施医院药品档案管理信息化，可以显著提升药品管理的效率和准确性，降低管理成本，提高患者用药安全性。在药品采购环节，通过对供应商的价格、质量、交货周期等数据进行分析，可以筛选出最优供应商，降低采购成本。在药品使用环节，通过分析药品在门诊和病房的使用量，可以了解和调控科室药品使用情况，降低药占比。在存储环节，通过对药品的库存量、库存结构、库存成本等数据进行分析，可以合理控制库存，减少药品积压和浪费。未来，随着物联网、大数据、人工智能等技术的不断发展，医院药品档案管理将更加智能化、自动化和个性化，为医疗质量和医疗安全提供更加坚实的保障。

第十一章
医院财务档案管理

>>>> 第一节　医院财务档案管理概述

在医疗卫生事业蓬勃发展的当下，医院作为提供医疗服务的关键机构，其运营管理的科学性和规范性愈发重要。医院财务档案管理作为医院档案信息管理的重要组成部分，贯穿于医院经济活动的全过程。医院财务档案不仅如实记录了医院的资金流动、收支状况和成本核算等重要财务信息，更是医院进行经济决策、财务分析和绩效评估的关键依据。

一、医院财务档案的定义与主要内容

医院财务档案是指医院在经济活动过程中形成的，记录和反映医院财务收支状况、资金运行轨迹及财务管理活动的各种具有保存价值的原始凭证、记账凭证、会计账簿、财务报表等材料，以及与财务相关的合同、协议、文件等其他资料。医院财务档案是医院经济业务的重要历史记录，是医院进行财务管理、经济决策、审计监督等工作的重要依据。

（一）会计凭证

会计凭证是医院财务档案的基础组成部分，包括原始凭证和记账凭证。原始凭证是医院在经济业务发生时取得或填制的，用以记录和证明医院经济业务发生或完成情况的凭证，如发票、收据、报销单。记账凭

证则是医院会计人员根据审核无误的原始凭证，按照医院经济业务的内容加以归类，并据以确定会计分录后所填制的会计凭证，它是登记账簿的直接依据。

（二）会计账簿

会计账簿由一定格式的账页组成，以经过审核的会计凭证为依据，全面、系统、连续地记录各项经济业务的簿籍。医院的会计账簿一般包括总账、明细账、日记账和其他辅助性账簿。总账是对医院全部经济业务进行总分类核算的账簿，能够全面地反映医院的财务状况和经营成果；明细账则是对总账的进一步细分，按照明细科目对经济业务进行分类核算，能够详细地反映各项经济业务的具体情况；日记账主要包括现金日记账和银行存款日记账，用于记录现金和银行存款的收支情况，保证货币资金的安全和准确核算；其他辅助性账簿则是指对某些在总账、明细账等主要账簿中未能记载或记载不全的经济业务进行补充登记的账簿，如固定资产卡片。

（三）财务报表

财务报表是医院财务状况和经营成果的综合反映，包括资产负债表、利润表、现金流量表、所有者权益变动表及附注等。资产负债表反映了医院在某一时期的财务状况，展示了医院的资产、负债和所有者权益的构成情况；利润表反映了医院在一定会计期间的经营成果，体现了医院的收入、成本、费用和利润等信息；现金流量表则反映了医院在一定会计期间的现金和现金等价物的流入和流出情况，有助于分析医院的资金流动性和偿债能力；所有者权益变动表反映了所有者权益各组成部分在一定会计期间的增减变动情况；附注是对财务报表中列示项目的进一步说明，以及对未能在这些报表中呈现的列示项目的说明等，能够为财务报表使用者提供更详细、更全面的信息。

除了上述内容，医院财务档案还包括其他与财务相关的资料，如银行存款余额调节表、银行对账单、财务预算文件、财务分析报告、经济合同和协议、审计报告和税务申报资料。这些资料虽然不属于医院财务档案的核心内容，但对于全面了解医院的财务状况和经济活动，具有重要的参考价值。例如，银行存款余额调节表用于核对银行存款日记账与银行对账单之间的差异，确保银行存款的准确性；财务预算文件反映了医院在一定时期内的财务收支计划，是医院进行财务管理和控制的重要依据；经济合同和协议记录了医院与外部单位或个人之间的经济往来关系，涉及资金的收付、资产的购置与处置等重要财务事项；审计报告和税务申报资料则是医院接受外部审计和履行纳税义务的重要文件，对于监督医院的财务行为具有重要意义。

二、医院财务档案管理的含义及其特点

（一）医院财务档案管理的含义

医院财务档案管理是指对医院在运营过程中产生的所有与财务活动相关的文件、记录、报表等资料进行系统化、规范化收集、整理、保存、利用和销毁的一系列管理活动。医院财务档案管理的核心目的是确保财务信息的真实性、完整性、准确性和可追溯性，提高医院财务工作的效率和质量，为医院的财务管理、决策制定、风险控制、合规审计及历史研究提供可靠依据。

（二）医院财务档案管理的特点

医院财务档案管理具有专业性、严密性、广泛性和动态性等显著特点，这些特点深刻影响着医院财务档案管理工作的各个方面。

（1）专业性是医院财务档案管理的重要特点。财务档案的形成基于医院复杂的经济业务和专业的财务核算流程，其内容涉及会计学、财务管理学等专业知识。从原始凭证的填制与审核，到记账凭证的编制、会计账簿的登记及财务报表的生成，每个环节都要严格遵循会计准则和财务制度。例如，在会计凭证的处理过程中，财务人员需要准确判断经济业务的性质，选择合适的会计科目进行核算，并按照规定的格式和要求填制会计凭证。这就要求财务档案管理人员不仅要熟悉医院财务档案管理的基本理论和方法，还要具备财务专业知识，以便能够准确理解和管

理医院财务档案，确保档案信息的准确性和专业性。

（2）严密性贯穿于医院财务档案管理的全过程。医院财务档案作为医院经济活动的重要记录，关乎医院的财务安全，其管理必须严谨细致。从档案的收集、整理、归档，到保管、查阅和销毁，每个环节都有严格的制度和规范要求。在档案收集阶段，需确保所有与财务相关的资料都能及时、完整地收集好，避免遗漏重要信息；整理归档时，应按照规定的分类方法和编号规则进行操作，保证档案的系统性和有序性；在保管的过程中，要采取严格的安全措施，如防火、防潮、防虫、防盗，确保档案的安全与完整；查阅档案时，必须履行严格的审批手续，限制查阅范围，防止档案信息的泄露；销毁档案时，要遵循严格的程序，确保销毁的档案确实已无保存价值且不会对医院造成不利影响。

（3）广泛性体现在医院财务档案管理范围的广泛。医院财务档案不仅涵盖了医院财务部门产生的各种资料，还涉及医院各个科室和部门的经济活动记录。医院的日常运营涉及医疗服务、药品采购、设备购置、后勤保障等多个方面，这些活动都会产生相应的财务数据和资料，都需要纳入医院财务档案管理的范畴。例如，医疗科室的收入记录、药品采购部门的采购发票、设备管理部门的设备购置合同等，都是医院财务档案的重要组成部分。此外，医院与外部单位的经济往来，如与医保部门的结算资料、与供应商的合作协议，也都属于财务档案的管理范围。这就要求医院在开展财务档案管理工作时要与医院各个部门密切配合，建立有效的沟通协调机制，确保对档案资料的全面收集和有效管理。

（4）动态性是医院财务档案管理的又一特点。随着医院经济活动的持续开展和财务管理工作的不断推进，财务档案也处于不断地更新和变化之中。新的经济业务不断产生，相应的财务凭证、账簿和报表等也会随之增加；同时，已有的财务档案可能会因为会计政策的变更、审计调整等原因而需要进行修改和补充。例如，医院实施新的会计制度时，需要对以往的财务档案进行重新整理和调整，以符合新制度的要求；在进行财务审计时，如果发现财务数据存在问题，需要对相关的档案资料进行更正和补充。因此，医院财务档案管理人员需要及时关注经济业务的变化和财务管理的要求，对档案进行动态管理，保证档案信息的及时性和有效性。

三、医院财务档案管理的重要性

医院财务档案管理作为医院档案信息管理的重要组成部分，贯穿于医院经济活动的全过程，涵盖了从财务凭证的生成、财务账簿的记录到财务报表的编制等各个环节。这些档案不仅如实记录了医院的资金流动、收支状况和成本核算等重要财务信息，更是医院进行经济决策、财务分析和绩效评估的关键依据。

从医院内部管理的角度来看，高质量的财务档案管理能够为医院管理层提供精准、全面的财务数据，助力其清晰把握医院的经济运营态势，从而制定出科学合理的发展战略和财务规划。通过对财务档案的深入分析，医院可以优化资源配置，提高资金使用效率，降低运营成本，增强自身的竞争力。同时，完善的医院财务档案管理还有助于加强内部控制，防范财务风险，保障医院资产的安全。

从外部监管和社会影响角度来看，医院财务档案是政府部门进行卫生经济统计、医保基金监管及税收征管的重要数据来源。准确、完整的财务档案能够确保医院合规运营，维护医疗市场的秩序，保障患者的合法权益。此外，在医院的对外合作、融资投资等活动中，良好的财务档案管理状况也能提升医院的信誉度和形象，为其拓展业务创造有利条件。

因此，深入研究医院财务档案管理，对于提升医院管理水平、促进医院可持续发展具有重要的现实意义，在医院运营管理中具有举足轻重的地位。

四、医院财务档案管理模式

医院财务档案管理模式决定着医院财务档案管理的效率和质量。当前，医院财务档案管理主要采用传统的分散式管理与逐渐兴起的集中式管理两种模式。

在分散式管理模式下，医院财务档案的管理工作分散于医院的各个科室和部门，各科室自行负责本部门财务档案的收集、整理、保管和使用。这种模式虽然在一定程度上便于各科室对自身财务档案的管理和使用，但也存在诸多弊端。例如，由于各科室的管理标准和流程不一致，容易导致财务档案的格式、内容和质量参差不齐，给档案的统一管理和利用带来困难；同时，分散式管理也增加了档案丢失、损坏和泄密的风险，不利于医院对财务档案的整体把控。

在集中式管理模式下，医院设立了专门的档案管理部门或岗位，负责统一收集、整理、保管和利用医院财务档案。这种模式通过建立统一的管理标准和流程，能够有效提高财务档案的管理质量和效率，实现档案资源的共享和优化配置。例如，通过集中管理，可以对财务档案进行统一分类、编号和存储，便于档案的检索和查询。同时，集中式管理模式也有利于加强对档案的安全保护力度，降低档案管理风险。

>>> 第二节 医院财务档案管理制度

实施医院财务档案管理，需要遵循《中华人民共和国档案法》《会计档案管理办法》等相关法律法规，建立管理部门，明确管理职责和权限，结合医院实际情况制定和完善工作制度和工作流程，并采用现代化的财务档案管理技术和手段，提高财务档案管理水平，充分发挥财务档案在医院管理和经济活动中的凭证、参考和依据作用。

一、医院财务档案管理组织体系

医院财务档案管理组织体系是医院为确保财务档案的有效管理、高效利用及安全保管而建立的一套完整的，包括组织架构、职责分工、管理制度和技术支持在内的综合体系。该体系旨在通过规范化的管理流程、明确的职责划分和先进的技术手段，实现对医院财务档案的全面、系统、安全和便捷管理。

医院财务档案管理组织体系通常由以下几部分构成。

（一）决策层

决策层由医院高层管理者（如院长、副院长、财务总监）组成，负责明确财务档案管理的总体策略、目标和政策，监督体系的运行效果，并协调解决重大问题。

（二）管理层

管理层由医院财务部门负责人、档案管理部门负责人及其他有关科室负责人等组成，负责具体管理财务档案的日常事务，包括制定和执行管理制度、监督档案管理流程、协调部门间合作等。其机构设置和职责包含以下内容。

1.档案管理部门

（1）负责制订医院财务档案管理工作的总体规划和年度计划，并组织实施。

（2）对医院各部门、科室形成的财务档案进行统一接收、整理、归档、保管和利用。

（3）指导、监督和检查各部门、科室的财务档案收集、整理和归档工作，定期开展业务培训和考核。

（4）组织开展财务档案的鉴定和销毁工作，将无保存价值的档案按照相关规定程序进行销毁。

（5）负责财务档案信息化建设，推进电子档案管理系统的应用和维护，实现财务档案资源的数字化存储和共享。

2.财务部门

（1）按照会计核算要求，及时、准确地编制会计凭证、登记会计账簿、编制财务会计报告，确保财务资料的真实性和完整性。

（2）在经济业务活动结束后，按照规定的时间和要求，将财务档案进行分类、编号、装订，编制档案目录，整理成册，移交档案管理部门。

（3）协助档案管理部门开展财务档案的鉴定和销毁工作，提供相关财务数据和资料。

（4）配合档案管理部门做好财务档案的信息化建设工作，及时将电子会计资料上传至电子档案管理系统。

3.其他部门和科室

（1）各部门、科室应指定专人负责本部门财务档案的收集、整理和归档工作，确保本部门产生的财务资料能够及时、完整地归集。

（2）积极配合档案管理部门和财务部门的工作，按照要求提供相关财务档案资料，不得拒绝、拖延或隐瞒。

（3）遵守财务档案管理制度，严格执行档案查阅、借阅规定，不得擅自复制、涂改、损毁财务档案。

财务档案管理组织体系是医院财务管理体系的重要组成部分，其建立和完善对于提升医院财务管理水平、保障医院资产安全、促进医院健康发展具有重要意义。

二、医院财务档案管理的基本原则

（1）合法性原则。财务档案要依法管理，严格遵守《中华人民共和国档案法》《医院财务管理制度》等相关法律法规，确保财务档案管理的合法性和合规性。

（2）真实性原则。财务档案必须全面、真实地反映医院的经济活动，确保档案内容的准确性和完整性。

（3）安全性原则。采取有效措施，确保财务档案的实体安全和信息安全，防止丢失、损坏和泄密。

（4）规范性原则。统一管理标准和操作流程，实现财务档案管理工作的规范化、标准化。

（5）便捷性原则。提高财务档案的查询、利用效率，方便医院内部及相关部门合理利用财务档案，为医院经营管理提供支持。

三、医院财务档案管理的具体制度与流程要求

医院财务档案管理涵盖了从档案收集、整理、归档、保管到利用的全过程。为了确保医院财务档案的完整性和准确性，针对每个环节的任务特点，都需要有相关的具体制度和流程要求。

（一）档案收集环节

档案收集环节是指财务部门和相关科室及时收集各种财务凭证、账簿、报表等资料的过程。档案收集环节应遵循以下要求：一是全面性，收集所有与医院财务活动相关的档案材料，确保档案的完整性。二是及时性，在财务活动发生时及时收集档案材料，避免遗漏。三是准确性，收集的财务档案材料应真实、准确、完整，能够反映医院的财务状况和经营成果。档案收集环节收集的资料应包括以下内容。

（1）原始凭证，如发票、收据、报销单。

（2）记账凭证，即根据原始凭证编制的用于登记账簿的凭证。

（3）会计账簿，包括总账、明细账、日记账等。

（4）财务报表，如资产负债表、利润表、现金流量表。

（5）其他与财务相关的资料，如合同、协议、审计报告。

医院财务部门一般应在月度结束 15 个工作日内，将上月形成的财务档案整理完毕；年度结束 3 个月内，将全年的财务档案移交档案管理部门。其他部门、科室应在经济业务事项结束后 10 个工作日内，将相关财务档案移交财务部门。

（二）档案整理环节

档案整理环节是指对收集到的财务档案资料进行分类、排序、编号和编目等工作，使其条理化、系统化，便于后续的管理和利用。

（1）分类与编号。按照会计档案的种类、形成时间、保管期限等要素进行分类，采用统一的编号方法对会计档案进行编号，确保档案编号的唯一性和系统性，并建立档案目录，便于检索。例如，可将财务档案分为会计凭证类、会计账簿类、财务报告类等大类，再在大类下细分小类，并进行编号。

（2）装订与装盒。会计凭证应按月装订成册，每册厚度不超过 5 厘米，在凭证封面注明单位名称、凭证种类、起止日期、凭证张数，由会计主管人员和装订人员签名或盖章。会计账簿、财务会计报告等应按照规定的格式和要求进行装订，并装入专用档案盒，在档案盒上标明档案名称、年度、保管期限等信息。

（3）数字化备份。对纸质财务档案进行电子化扫描处理储存，对电子化档案进行常态数字化备份，确保档案的安全有序、长期保存和便捷利用。

（三）档案归档环节

档案归档环节是指将整理好的财务档案按照规定的程序和要求移送档案管理部门进行保管的过程。

（1）归档登记。填写归档清单，明确归档档案的名称、数量、保管期限等信息，并办理交接手续。档案管理部门接收档案后，应按照规定的存储方式和位置进行存放，确保档案的安全性和完整性。

（2）归档审核。档案管理部门在接收财务档案时，应认真核对档案的数量、质量，检查档案的整理是否符合要求。对不符合要求的档案，应退回财务部门重新整理。经检查合格的档案，应及时办理归档手续，填写档案移交清册，双方签字确认。

（四）档案保管环节

档案保管环节是指对财务档案进行长期保存和维护的过程，需要采取一系列措施确保档案的安全性和可利用性。

（1）保管条件。医院要具备适宜的环境条件，应设立专门的财务档案库房，配备防火、防盗、防潮、防虫、防鼠、防光等设施；保持库房的清洁、干燥、通风，温度控制在 14℃ ～ 24℃，相对湿度控制在

45% ~ 60%；定期对库房进行检查和维护，发现问题及时处理。对于电子档案，还需要采取数据备份、加密等措施，防止数据丢失和泄露。

（2）保管期限。根据《会计档案管理办法》的规定，确定财务档案的保管期限，将其分为永久、定期两类。定期保管期限一般分为 10 年、30 年，具体保管期限按照相关规定执行。对保管期限已满但仍有保存价值的财务档案，应继续保存。

（五）档案利用环节

档案利用是财务档案管理的最终目的，通过对档案的查阅、分析和研究，为医院的财务管理、经济决策、审计监督等提供支持和服务。

（1）严格借阅制度和审批流程，确保档案的安全和合理使用。医院内部工作人员借阅财务档案时需填写借阅申请表，注明借阅目的、借阅期限等信息，经相关领导审批后，方可借阅。借阅期限一般不得超过 15 天。借阅财务档案时，不得在档案上涂画、标记或拆封、损毁档案，不得擅自复制档案内容。确需复制的，应经档案管理部门负责人批准，并在复制件上注明复制用途和日期。

（2）外单位人员借阅财务档案，应持有单位介绍信和有效身份证件，经医院分管领导审批同意后，按照院内人员借阅的程序办理手续。同时，应与借阅单位签订保密协议，明确双方的权利和义务。

（六）档案鉴定与销毁环节

档案鉴定与销毁环节是指对保管期限已满的财务档案按程序进行安全处置的过程。

（1）档案鉴定。成立由档案管理部门、财务部门、审计部门等相关人员组成的财务档案鉴定小组，对保管期限已满的财务档案进行鉴定，根据档案的实际价值，提出存毁意见，形成鉴定报告。

（2）销毁程序。对经鉴定确无保存价值的财务档案，应编制销毁清册，报医院领导审批后，由档案管理部门会同财务部门、审计部门共同派员监销。销毁工作结束后，监销人员应在销毁清册上签名或盖章，并将销毁清册永久保存。

>>> 第三节　医院财务档案管理队伍建设

医院财务档案管理队伍是医院财务管理体系中的重要组成部分，其专业能力和职业素养直接关系到财务档案的完整性、准确性和安全性。因此，加强医院财务档案管理队伍建设，对于提升医院财务管理水平、保障医院资产安全、促进医院健康发展具有重要意义。

一、医院财务档案管理队伍现状与配置

（1）人员配备。不同规模的医院存在一定差异。大型医院通常配备了相对充足的财务档案管理人员，设有专门的财务档案管理部门，并根据不同的财务档案管理工作和任务，进行了细致的岗位分工，各岗位人员各司其职，协同工作，以保障财务档案管理工作的顺利开展。部分中小型医院在财务档案管理人员配备上存在缺陷，有些医院甚至没有设置专职的财务档案管理人员，而是由财务人员或其他行政人员兼任，这使得财务档案管理工作的专业性和效率受到影响，容易出现财务档案管理不规范、资料整理不及时等问题。

（2）专业素质。医院财务档案管理人员的专业知识和技能水平参差不齐。一些年龄较大、从事财务档案管理时间较长的管理人员，经验丰富，在传统的档案管理方法和流程方面具有扎实的基础，但信息技术应用方面相对薄弱，对电子档案管理系统、数字化处理技术等新知识、新技能的掌握程度不够，难以适应信息化时代对财务档案管理工作的要求。而年轻的财务档案管理人员，特别是新入职人员虽然具备一定的信息技术知识，但对财务专业知识和财务档案管理要求了解不多、实践经验欠缺，财务档案管理不够标准规范，影响了财务档案管理的质量。

（3）职业素养。职业素养包括责任心、保密意识、服务意识等。有些财务档案管理人员不够热爱财务档案管理工作，事业心、责任心不强，工作和服务的主动性、积极性和创造性不高，很容易导致财务档案管理工作出现失误和漏洞，带来潜在风险。

因此，医院要优化财务档案管理人员配置，根据医院规模、业务需求等因素，合理配置财务档案管理人员。通过校园招聘、社会招聘等方式，引进具有档案管理、财务管理等相关背景的优秀人才，充实队伍力量。通过制定个人发展激励措施，激发财务档案管理人员的工作积极性和创造力。

二、医院财务档案管理队伍建设措施

医院财务档案管理队伍建设主要采取了如下措施。

（1）提升专业能力。通过培训和实践，提高财务档案管理人员的档案管理知识、技能和业务水平。定期组织财务档案管理人员参加专业培训，加强管理人员在档案管理、财务管理、信息技术等方面的能力，不断更新知识结构，提高其专业技能和业务水平，确保其能够胜任复杂多变的财务档案管理工作。例如，在档案管理理论知识培训中，培训教师应深入讲解档案的分类、编目、保管等基础知识；在财务专业知识培训中，介绍最新的财务法规、会计准则和财务管理方法；在信息技术应用技能培训中，教授电子档案管理系统的操作方法、数据处理技巧和信息安全防护知识等。同时，鼓励财务档案管理人员参加各类学术交流活动和行业研讨会，了解财务档案管理领域的最新发展动态和前沿技术，促进自身专业水平的提升。积极组织财务档案管理人员到其他医院进行参观学习，实地考察学习财务档案管理工作的先进做法和成功经验，结合本医院的实际情况，加以吸收和应用。

（2）强化职业素养。加强对财务档案管理人员的职业道德教育培训，培养其具有高度的责任心、敬业精神和保密意识，使其能够自觉遵守财务档案管理的相关规定和制度，确保财务档案管理工作规范、有序进行。建立健全财务档案管理人员的职业道德考核机制，将其职业道德表现纳入个人绩效考核体系。

（3）优化队伍结构。优化医院财务档案管理人员结构，形成一支年龄结构合理、学历层次高、专业技能强的管理团队。在年龄结构上，要确保管理人员队伍中既有经验丰富的老员工，也有充满活力和创新精神的年轻员工，保证管理的连续性和稳定性。在学历和专业结构上，尽可能配置具有会计、审计、档案等专业背景的工作人员，形成专业协调、互补互助的财务档案管理队伍。

（4）激发工作积极性。通过提供具有竞争力的薪酬待遇、良好的职业发展空间和工作环境，吸引和留住高素质的财务档案管理专业人才，打造一支专业、稳定、高效的财务档案管理团队。制定科学合理的绩效考核指标，定期对财务档案管理人员进行绩效考核，根据考核结果进行奖惩和激励。建立多元化的激励机制，包括物质奖励、精神奖励、职业发展机会等，激发财务档案管理人员的工作积极性和创造力。营造良好的工作环境，加强团队建设，促进员工之间的沟通与协作，提高员工的工作满意度和归属感。

（5）提高服务效率。通过优化管理流程、提升技术手段，提高财务档案的查询、利用效率，为医院内部及相关部门提供便捷服务。

>>> 第四节　医院财务档案管理信息化建设

在数字化浪潮下，医院财务档案数量激增，传统管理模式在效率、安全性和利用价值方面存在诸多局限。推进财务档案管理信息化建设，不仅能提升档案存储、检索与分析效率，降低人工管理成本，还能保障财务数据的准确性与完整性，为医院财务管理、成本控制和战略决策提供有力支持，增强医院在医疗市场中的竞争力。

一、医院财务档案管理信息化建设的必要性

加强医院财务档案信息化建设，提升医院财务档案管理的数字化、流程化和智能化，有助于提升医院财务管理水平和医院总体管理水平。

（1）提高管理效率。信息化手段能够自动处理大量财务数据，减少了人工操作，提高了数据处理速度和准确性，从而提升了管理效率。

（2）保障信息安全。信息化系统通过加密、访问控制等技术手段，能够有效防止财务信息的泄露和篡改，保障信息安全。

（3）便于信息查询与利用。信息化平台能够提供便捷的查询功能，使相关人员能够快速获取所需信息，提高信息的利用率。

（4）促进资源共享。信息化系统能够实现医院内部各部门之间的信息共享，打破"信息孤岛"，提升整体管理效能。

二、医院财务档案管理信息化建设的现状

目前，许多医院已引入电子档案管理系统，实现了财务档案的电子化存储和管理。部分医院还实现了财务档案管理系统与医院其他信息系统的集成，如财务管理系统、医疗业务系统，这使得各系统间的数据能够实时共享和交互，有效避免了数据的重复录入和不一致问题。但是，目前医院在财务档案管理信息化建设中，缺乏对财务档案全生命周期的管理，还存在以下问题。

（1）系统功能不完善。缺乏智能化分类、数据分析、预警等功能，无法满足复杂财务档案的管理需求。

（2）数据兼容性差。财务系统、财务档案管理系统与医院其他业务系统之间难以进行数据互通共享，从而形成"信息孤岛"。

（3）安全隐患突出。数据加密、备份和访问权限控制机制不健全，存在数据泄露、篡改等风险。

（4）人员信息化能力不足。财务与档案管理人员对信息化技术掌握

程度较低，难以充分发挥系统功能。

三、医院财务档案管理信息化建设的目标

医院财务档案管理信息化建设的目标是构建集档案数字化采集、智能分类存储、高效检索利用、安全防护于一体的医院财务档案管理信息化系统，实现财务档案管理流程的标准化、自动化和智能化，保障财务数据的准确可靠，为医院管理运行和管理决策提供及时、有效的数据支持。

四、医院财务档案管理信息化建设的内容

（一）硬件设施升级

（1）配置高性能服务器、大容量存储设备，满足财务档案的数据存储与处理需求。

（2）部署高速网络，确保财务档案数据在医院内部各部门间快速传输。

（3）配备专业扫描设备、高分辨率打印机等数字化采集与输出设备。

（二）软件系统构建

（1）财务档案管理系统。开发或引入具备档案采集、整理、存储、检索、借阅、鉴定和销毁等全流程管理功能的系统，支持多维度档案分类与标签化管理，实现智能检索与快速定位。

（2）数据分析系统。集成数据分析模块，对财务档案数据进行深度挖掘与分析，生成可视化报表，为预算管理、成本控制等提供决策依据。

（3）系统集成。实现财务档案管理系统与医院 HIS 系统、财务核算系统、OA 系统等的无缝对接，打破"信息孤岛"，实现数据共享与协同工作。

（三）数据安全体系建设

（1）数据加密。对存储和传输中的财务档案数据采用高强度加密算

法，防止数据泄露。

（2）访问控制。建立严格的用户权限管理机制，根据人员岗位和职责分配不同的操作权限，设置多级审批流程。

（3）备份与恢复。采取定期备份策略，采用本地备份与云端备份相结合的方式，确保数据可快速恢复。

（4）安全监测。部署网络安全监测设备，实时监控系统运行状态，及时发现并处理网络安全漏洞与攻击行为。

五、医院财务档案管理信息化建设的实施

（1）优化信息化管理系统。根据医院实际需求，选择和优化当前财务管理软件和档案管理系统，实现财务数据的电子化存储、处理和查询。

（2）完善信息化基础设施。加强医院网络、服务器等信息化基础设施建设，确保信息化系统的稳定运行和数据安全。

（3）培训管理人员。组织管理人员参加信息化系统操作培训，提高其对信息化手段的运用能力，确保信息化系统的有效实施。

（4）制定信息化管理制度。建立健全信息化管理制度，明确信息化系统的使用规定、数据备份与恢复策略等，确保信息化管理的规范化、标准化。

（5）加强信息安全防护。采取多种技术手段，如数据加密、防火墙、访问控制，加强信息安全防护，防止财务信息泄露和非法访问。

总之，医院财务档案管理信息化建设是提升医院财务管理效率、保障财务信息安全的重要途径，能够提升医院的整体信息化水平，助力医院的高质量运行和发展。

参考文献

［1］崔旭.大数据时代医院档案管理信息化的创新路径分析［J］.档案管理，2022（2）：121-122.

［2］李林栋.智慧医院建设背景下医院档案管理的探索与实践［J］.黑龙江档案，2024（6）：109-111.

［3］赵雅博.医院档案信息化赋能高质量发展：逻辑、困境与路径［J］.办公自动化，2024，29（24）：65-68.

［4］周耀林，吴化，刘丽英，等.健康医疗大数据背景下我国医院档案管理研究：需求、转变与对策［J］.档案学研究，2021（6）：78-83.

［5］郜惠子，秦一力.档案信息化系统在医院档案管理中的必要性和作用［J］.临床医药实践，2024，33（8）：636-638.

［6］朱立香.推动公立医院档案管理工作现代化发展的实施路径［J］.兰台内外，2024（11）：46-48.

［7］潘璟.新媒体时代医院档案利用情况研究［J］.中国报业，2024（2）：248-249.

［8］马殿丹.医院档案信息化管理探索［J］.网络安全和信息化，2024（1）：29-30.

［9］董秦.医院档案管理中精细化管理模式的应用探究［J］.兰台内外，2023（34）：52-54.

［10］王绍锋，张桂金.基于数字化档案管理系统的医院档案管理探讨［J］.现代医院，2023，23（11）：1743-1745.

［11］张莉，李雯，邱苗苗，等.基于知识管理的医院综合档案信息服务能力提升对策［J］.现代医院，2022，22（11）：1745-1747+1751.

［12］韩云飞.医院档案管理中 6S 精细化管理的应用［J］.中国医院院长，2022，18（19）：75-77.

［13］赵杰.数字人文方法融入智慧医疗档案数据治理与智能服务探索［J］.档案管理，2022（5）：96-98.

［14］李阳阳.医院电子病历档案信息共享管理现状与优化策略［J］.档案管理，2022（2）：86-87.

［15］马羚."互联网＋"环境下医院档案管理提升路径——以东台市人民医院为例［J］.档案与建设，2021（11）：70-71.

［16］赵亚芳.人力资源管理视角下医院人事档案信息的开发利用［J］.人才资源开发，2021（19）：35-36.

［17］程芳.探讨信息化时代医院档案管理工作改进方法［J］.山东档案，2021（4）：61.

［18］宁传英.运用精细化管理确保病案管理质量［J］.中国病案，2016，17（9）：4-6.

［19］王晓倩.新医改背景下医院档案工作发展对策探究［D］.哈尔滨：黑龙江大学，2021.